날아간 지팡이

날아간 지팡이

고해자 수필집

수필과비평사

| 책을 펴며 |

지난여름 한창이던 산수국 꽃을
느지막이 다시 찾는다.
꽃 진 자리로 무수한 발자국들이 오롯하다.
혹여 빠뜨릴까 장문의 편지다.
서 있는 문장들에 소금기가 박혀있다.
바다의 물결 들어 처연하던 심해에
쪽빛 바람 부려놓은 어깨 시린 겨울 초입
미처 못 전한 말들이 깨알처럼 종종거린다.
기나긴 사연의 진지함은
단숨에 읽어낼 수가 없다.
소름 돋는 말들은 문양으로 읽는다.
토씨 하나 건너뛸까
서늘한 행간을 넘나든다.
팔짱 낀 채 무표정한 녀석도 끼어있다.
이미 빛바랜, 가치 없는 문장도 걸터앉아있다.

수고로운 헛꽃의 뒤안길
소리 떠난 풍경風磬으로 동동거린다.

수국의 말,
몇 계절 지날 무렵 뒤늦게 받아든다.

자연이 주는 햇살 한 줌과 비, 바람 등이 나의 수필의 길을 이끌어준다. 누구도 대신할 수 없는, 표정 없는 내게 그들은 언제나 먼저 손을 내민다. 어느 모퉁이의 낯섦도 그들과 함께라면 일어나 걷게 된다.

참 오래 묵힌 글들을 꺼내 본다. 옷장 속에서 잠들던, 유행 지난 옷처럼 우두커니 서 있다. 그들에게서 새로운 모습을 기대해보지만 애초에 다른 옷을 거부하듯 잘 어울리질 못한다.

이 세상의 모든 것이 그렇듯 새로운 탄생은 늘 어렵고 힘들다.

2015년 11월
고해자

| 차례 |

1부
502호
모퉁이

송편 빚기 • 11
마이못 • 16
겨울비 • 21
모녀 축가 • 25
고사리 장맛비 • 30
502호 모퉁이 • 35
송이낭 • 40

2부
10월의
포인세티아

언니의 거울 • 47
겨울 아지랑이 • 51
두 개의 '구씨' • 55
아다지오로 오는 노을 • 59
단호박라떼 • 64
바람개비 • 68
10월의 포인세티아 • 73

3부
**골목에
들다**

4월, 꽃비 • 81

비자림 • 85

설문대할망제 • 89

둥굴레 꽃등 • 94

천지연 • 98

영화 〈지슬〉을 보다 • 102

골목에 들다 • 106

4부
**놀멍
쉬멍**

야고 • 113

놀멍 쉬멍 • 118

먼지버섯 • 125

억새꽃밭 • 130

바위수국 • 134

제주올레 • 138

음성공양 • 145

귀뚜리 소곡 • 150

5부
**노란
꽃나무에
안부를 묻다**

거제도 연가 • 157
우도 연가 • 163
간이역 • 168
태풍, 볼라벤 • 172
빈 화분 • 176
갈빛 소묘 • 180
노란 꽃나무에 안부를 묻다 • 184

6부
**알작지와
해녀**

가을의 길목에서 • 191
오일장날 • 195
별똥별 만나다 • 201
꽃의 시간 • 206
노지 감귤 • 210
알작지와 해녀 • 215
날아간 지팡이 • 219

작품해설 | 허상문(영남대 영문과 교수, 문학평론가)
판도라를 위한 변명 혹은 희망의 글쓰기 • 223

1부
502호 모퉁이

송편 빚기

눈으로 그림을 그린다.

물감을 코로 흡입한 후 눈 밑을 뒤집어 눈물샘에서 뿜어 완성해가는 과정을 TV에서 본다. 눈물과 섞인 물감이 분사되어 그려지니 눈이 손이 되는 셈일까.

지난 추석 사촌형님 댁에서 명절 상에 올릴 송편을 준비한다. 제주 송편은 육지 것과 달리 만월에 가까워 둥글고 넙적한 편이다. 크기만큼 든직하며 그 가장자리로 적당히 솥전 두르는 것 또한 특별함이 있다. 익반죽을 달래며 한참 동안 씨름하는 시어머니시다. 연세에 비해 건강하시기에 늘 자처하신다. 반죽을 마치자마자 만들기 요령에 적잖이 힘이 실린다. 구령 같은 공표에 새내기들의 눈길, 손길이 분주해진다. 반죽으로 채워진 커다란 스테인레스 양푼을 향해 모두 고쳐 앉는다. 동작 한 마디를 놓칠세라 눈동자 굴리는 소리 들릴 법하다.

　세 살배기 딸을 데리고 온 종손집 조카며느리, 막 5개월 된 아들을 데리고 온 큰집 조카며느리, 처음으로 명절에 합류한 우리 며느리도 함께이다. 그러고 보니 며느리 삼대가 한 자리에 모인 셈이다. 모처럼 새내기들의 행진을 응원해야 할 마당이 아닌가. 유일한 남성으로 우리 둘째가 옆에서 귀를 쫑긋 세우고 있다가 반죽을 떼어내기 시작하자 틈새로 끼어든다.

　송편을 예쁘게 빚어야 예쁜 아기를 낳는다는 어머니의 말씀에 웃음꽃이 핀다. 우리 집 며느리가 더 배시시거리는 것 같다. 아직 아기가 없는 유일한 며느리로 참석해서이다. 입은 웃고 들 있지만 마음은 더 바빠지고 있다. 자갈길을 걷듯 뒤뚱거리는 손놀림들이 더없이 사랑스럽다. 저마다의 독주에 공을 들인다.

　"집이서 송팬은 맹글어덜 봐서?"

　할머니의 물음에 손주 며느리 셋이 '아니요.' 입을 맞춰둔 듯 우렁찬 합창이다. 반죽을 적당히 떼어내 잘 치대 굴린 후, 절구통 모양으로 구멍을 만들어 속을 비워놓는다. 그곳에 준비해둔 녹두소를 넣고 잘 매만져 솥전을 세우는 과정까지 차근차근 따라한다. 예스러움을 가르쳐줄 어르신이 계시다는 것도 평소 잊던 큰 기쁨이다. 서로 예쁘게 빚기 위해 애를 쓰는 모습들이 역력하다. 저마다의 손 안에서 마음자국들이 고스란히 새겨지고 있다. 더러는 외피 터트린 소가 엉거주춤 삐져나와 긴급 보수 공사를 요청하기도 한다. 터무니없을 성싶은 것도 어머니의 손이 닿기만 하면 금세 부활이다. 균형 잡힌 생명을 불어넣는 곰삭은 손길, 보듬어 안는 든든한 지원군이다.

보름달 닮은 송편들이 많이 탄생되길 기대해본다. 반죽의 모서리들 매만지며 닳아져가는 만큼 속마음들이 여물어 간다. 적잖은 시간 동안 마음에 크고 작은 창 하나씩을 열었다 닫기를 수 없이 하는 터다. 하나같이 자신의 마음을 대상에 부려놓는 한판 춤사위와 다름이 없다. 애면글면 하면서도 최선을 다하려는 구도적 자세들은 살가움 자체이다. 잘 빚어보려 집중하는 새내기들의 손길을 지켜보다 슬며시 혼자 벙글거리고 있다.

누군가의 손에서 터져 나온 소가 출현하기라도 하면 기다렸다는 듯 긴장감에 젖은 물꼬가 웃음꽃 피어 담장을 슬쩍 넘어간다. 평생을 빚어온 장인 앞에 모인 고사리손들이다. 새내기들은 이런 절차 앞에 무슨 생각을 하고 있을까.

저마다 혼신을 다해 만든 갖가지의 모양들이 탄생된다. 함량 미달인 듯 옆구리 살짝 터진 것이 완성품의 자리에 떡하니 깃든 것도 퍽이나 자연스럽다. 전수받은 형태는 온데간데없지만 의기양양한 자태들이다. 자신이 만든 것에 대해 자체 평가들 난무해 간다.

전달사항을 저마다의 눈과 귀로 새기며 따라하는데 송편 모양이 제각각인 만큼 무장된 개성들이다. 이름표를 달지 않아도 하나 같이 만든 이를 새겨놓는 듯하다. 세 살배기 손녀에게 물어도 한눈에 알아맞힐 터다. 저마다의 숨결들을 불어넣고 세상에 하나뿐인 작품으로 빚어낸다. 각양각색으로 진화하는 결과물들 앞에 한바탕의 웃음소리가 시원스레 또다시 큰 길을 낸다.

정성과 관심을 먹고 자라난 작품들이 차츰 늘어 빈 차롱*을 채워간다. 하나의 온전한 송편으로 탄생함이다. 예사롭지 않으리만치 생의 단면, 혼신을 다한 것들이 아닌가. 아직 찜통에 들어가기도 전인데 쏟은 정성의 크기보다 더한 단내가 폴폴거린다.

흰 가루의 재탄생처럼 새 사람들의 활약이 기대된다. 익반죽을 매만져 탄생한 실체는 무엇이든 품어주는 모성을 닮아있다. 시댁의 며느리이자 진정한 어른이 되어가는 작은 손들의 웅변을 한참이나 응시하게 된다. 담백한 소가 꼭꼭 채워져 가니 더욱 통통하고 실하다. 한 땀 한 땀 매만지며 이뤄내듯 걸음마 내딛는 저들, 마라톤 출발 지점에 모인 설렘처럼 눈이 부시다. 거듭되는 리모델링을 통해 자라날 매무새들이 아른거린다.

조심스런 손길 한껏 배어 할 말 많은 듯한 송편들이 솔잎을 입고 찜통에 들면 더 벙글거릴 것이다.

서로의 칭찬이 성장 동력일 며느리 군단이다. 서먹한 새내기들끼리도 모처럼 모인 자리이니 서로서로 알아가기에 바쁜 눈치다. 동 세대의 여정을 함께하며 시댁이란 울타리 안에서의 생경함을 공유할 수 있는 소통의 통로가 되길 바라본다.

새내기들이 온 마음을 담은 정성보다 더 훌륭한 기법이 존재할까. 조금씩 보탠 고사리 손들의 역량으로 추석 상차림이 훤해질 참이다.

새내기들의 도움닫기에 큰 응원을 보낸다.

* 차롱: 대바구니

마이못

 누구를 기다리다 지쳐 돌무릇으로 피었을까.
 초연히 피어 더 왜소해 보이는 꽃, 이 꽃은 시어머니의 마음을 닮은 것 같다. 길가의 못 주변으로 몇 점 안 되는 너른 바위에 드문드문 앉아있는 돌이끼다. 어느새 서늘해진 바람결로 시선을 더 잡아끈다. 키 큰 억새무리에 가려져 있었구나. 꽃씨마저 떠나보내 추레해진 억새들 사이로 눈길이 고정된다. 집으로 가는 길목에 가끔씩 찾는 마이못이다.
 무더위가 작열하던 날의 벌초다. 유치원에 다니던 큰아이와 둘째를 데리고 간 터다. 시아버지 봉분에서 벌초 시작 머리에 잡풀을 베야 할 일인데 왼손 엄지손가락 밑둥을 베고 만다. 부끄러움도 잠시다. 허겁지겁 면장갑을 벗고 상처를 손으로 누르며 머리 위로 치켜들자 아이들이 쪼르르 달려온다.

어떻게 눈치를 채셨는지 하던 일 멈추고 낫을 든 채 어딘가로 향하는 시어머니다. 패랭이 모자 위로 수건 두른 머리가 안 보일 때까지 휘젓듯 나아가신다. 잠시 후 어디서 구해온 건지 동전 크기만 한 것들이 손바닥에 놓여있다. 어렵사리 가져온 비상약인 듯 보드랍게 보이는 얇은 회색빛 막들이다. 그것에 당신 혓바닥의 침을 흠씬 묻히고 나서 내 상처 위로 척척 붙이신다. 게다가 어디 있던 광목 보자기를 찢어온 건지 춤을 추는 날줄 씨줄에 아랑곳없다. 그것으로 단단히 동여매주신다. 얼마 후 봉해진 자리가 칭칭거리기 시작하자 낫이 지나던 때의 오싹함이 줄곧 따라다닌다. 그 찌뿌둥한 내심을 숨길 수 없어 툴툴거리게 된다. 마치 남의 탓인 양 속상한 마음에 비위까지 상한 지 오래다. 시간이 약인지 보들보들한 돌무릇의 효과인지 어느새 지혈이 되는가 보다. 예초기가 없던 벌초 풍경이 어제 일처럼 생생하다.

가족과의 관계는 속마음을 나눔으로써 더 깊어지는 것일까. 예고 없던 상황의 직면에 정황을 살펴보지 않고도 대응하신 일을 떠올리면 생각이 참 많아진다. 시어머니로 인해 마뜩잖던 마음들이 차츰 누그러든다. 마법처럼 뚝딱 해치우던 이력의 뒤편, 어떠한 것도 끌어안을 수 있음을 본다. 소름 돋던 먹빛 생각들로 가득하던 속 좁음을 탓해본다. 부끄러움이 산처럼 커져만 간다.

고부간이라는 이유로 늘 곁인데도 소중함이 희석되어 온 건 아닐까. 그동안 길지 않은 길 위에서 거리감과 장벽만을 더 키워온 건 아닌지, 포장된 형식 위주의 관계에서 영혼이 없는 단어들로 주고받던 대화엔 핵심이 빠져 있던 건 아닌지 모른다. 고부간, 튕길 듯 팽팽한 허공 위 길, 온전한 이해란 요원하기만 한 것일까. 마음도 쓰면 쓸수록 고와진다지….

상처 난 곳에 미치던 약발보다 모난 마음자리에 쓰이던 까닭 또한 뒤늦게 깨닫는다. 어쩌면 일 못하는 며느리를 탓할 수도 있지만 감싸주던 언저리다. 들키지 말아야할 마음까지 들켜버린 그날처럼 아직도 살아가는 일이 서툴다.

그 이후로 크고 작은 돌들에 피어있는 꽃, 희끄무레한 빛깔에 오돌토돌한 문양의 것들에서 온기를 느낀다. 언제인가 그것들을 마주하게 되자 떼어내 보려 시도한 적이 있는데 여간 어려운 게 아니다. 약효는 차치하고라도 그 밀착의 위력에 두 손을 들고 만다. 예리한 기구를 이용하더라도 쉽게 뗄 수 없음을 뒤늦게 깨닫는다. 그 벌초 즈음의 연일 무장한 땡볕 아래 돌무릇도 몸을 바짝 낮추고 있을 터다.

몇 해 전까지만 해도 그날의 상처가 훈장처럼 어찌나 도드라져 보이던지. 어느덧 그 지점조차 무색하리만치 말끔하다. 초생달 모양의 그 자국에선 스윽거리던 소리가 꽤 오래 좌정했나 보다. 흔적을 남기거나 깨끗이 지우는 일 모두 의미가 있는 순간들이다. 눈사람이 녹듯 녹을 자리 다독거리던 따스함, 문득 숨결조차 고르게 한다. 추락한 마음 추스르게 해준 손길에 훈장인 양 단 상처 부위로 어느 곳 벌초도 뒷전이다. 손편지 만큼 정성들여 매만지던 손길, 진심을 다하던 행간임에도 '고맙습니다.'는 한마디조차 제때 건네지 못한 것만 같다. 고부간을 의식한 나머지 살갑게 표현하지 못하던, 불완전한 존재 덮어주려 애쓰던 울타리이다.

마이못과 가막샘의 경계인 너른 바위에 자리를 잡아 앉는다. 졸졸졸 못으로 향하는 샘물의 노래를 듣다 이야기하기를 좋아하시는 어머니가 떠오름일까. 가막샘의 문지기를 자처한 현무암 칸막이들의 곧음 또한 어머니와 닮아 있다. 가막샘물과 밀물까지 온전히 기다려 안아주는 곳, 수면 위로 주변 풍경들이 한껏 넘실댄다. 때때로 노을빛 머금은 구름 몇 점 드리워 보태지면 마이못의 경사다. 분위기를 파악한 크고 작은 물고기들이 이곳저곳서 튀어 오르며 자축을 벌인다. 회색빛 왜가리까지 작은 바위로 내려앉으면 전원 출석이다. 그들이 그려내는 물낯의 무수한 동그라미는 온전한 평화스러움의 표식이다. 작은 우주

안의 진중한 소통의 장이다.

 바위 위에 좌정한 돌무릇이 넉살좋게 종소리를 울린다. 못 한가득 번져가는 동그라미들이다.

겨울비

'오늘은 점심 함께하고 영화도 보러 가시게요….'

비 오는 날이라 집에 계실 터이니 이른 시간의 통화다. 그러자고 대답해놓고도 잠시 후 전화를 걸어와 시간 등을 재확인하신다.

도착 예정 시간을 알려드린 터라 차 있는 곳으로 다가오며, 몸 하나도 가리기에 넉넉하지 않은 우산 아래 쇼핑백까지 안고 계시다. 차에 타자마자 잘 입어질 것 같지 않다며 예전에 사다드린 옷을 기다렸다는 듯 느지막이 들이민다. 이제 얼마나 살지도 모르는데 옷이 무슨 필요 있냐는 것이다. 이동하는 동안 이 문제로 차 안이 잠시 시끌벅적하다. 작정하고 세워둔 심지의 깃발을 더는 무디게 할 수 없음을 깨닫는다.

모처럼 함께하는 시어머니와의 외출이다. 조금 이른 시간인지 소문난 식당임에도 한산하다. 어느새 우리보다 늦게 들어와 식사를 하던 바로 옆 탁자의 손님들도 나가 빈자리다. 미뤄오던 시간인 만큼 여유를 낸 터라 더 느긋해진다.

비 오는 거리를 마다않고 영화관으로 향한다. 〈국제시장〉 영화표를 끊고 오십여 분을 기다려야 하니 근처 커피숍에 자리 잡는다. 커피를 즐겨하시지만 알아서 주문을 한다기에 끄덕이신다. 해풍에 털린 겨울 끝자락의 억새마냥 빈 대궁으로 나선 어머니다. 이태 전까지만 해도 머리에 검은 염색할 날 벼르시더니, 꼬불거리는 파마의 은빛 물결이 참 어울린다. 주변까지 환하게 밝히듯 더 단아해 보인다. 머뭇거리던 꽃 같은 시간들이 떠난 자리, 그 위로 새하얀 세상 가지런하다.

구십의 나이임에도 딸이 없음을 서운해 하는 눈치시다. 딸이 없는 내게도 내심 반향을 일으킨다. '제가 딸처럼 잘하겠습니다.'를 확인하고 싶은 순간인가 보다. 수많은 담금질이 필요한 대목이다. 스스로 쌓아놓은 외로움의 성이 산처럼 일어섬일까. 묻어오는 독백의 파장에 드리운 그림자의 크기만큼 과녁으로 박힌다.

찻잔을 사이에 놓고 눈빛을 교환하자 이야기꽃이 피어난다. 같은 차를 마시며 이런저런 얘기에 시간 가는 줄 모른다. 더러는 말끝에 콧잔등이 찡해지기도 한다. 괴 속 깊숙한 곳에서나 있을 법한 졸던 보따리 들춰 풀어놓는다. 옛것들의 냄새가 겨울비에 버무려지니 구수하고 새롭다. 예전처럼 어머니가 말문을 주도하는데 이날은 나까지 조금 수다스러워진다. 물꼬가 터지자 여전히 막힘이 없으시다. 모처럼 자신을 꺼내 털어내는 눈빛이 해맑다.

 영화 시간을 맞추려 시계를 들여다보고 있는데 지폐 한 장을 꺼내 극구 내게로 내미신다. 찻집 안이 우리로 인해 분위기가 이상해질 판이다. 끝날 것 같지 않은 게임에 지는 척 받아든다.

 영화관으로 향하자 긴 복도를 지나며 딴전 피우듯 앞서 걷는 나를 발견한다. 극장이나 어두운 곳에서는 잘 안 보여 휘청거리게 된다며 속살거리던 조금 전의 말씀 어느새 흩뿌려지고 있다. 한참을 가다 누가 먼저랄 것도 없이 서로의 손을 찾는다. 낙관처럼 찍히는 어머니의 작은 손이 내 손안으로 들어와 온기를 보탠다. 아기 피부처럼 보드랍고 매끈거린다. 어느새 더 이상의 빈손이 아닌 서로의 미안함을 녹이고 있다. 나이에 비해 건강하다는 핑계로 시간을 거꾸로 매단 겨우살이처럼 꾸려가는 길목쯤인 터다. 하루하루를 버텨내며 낮달 같은 존재의 여행길이 아닐지. 잠시나마 서로에게 깃드는 잠깐의 시간만으로도 하루가 따뜻해진다. 소통과 교감의 결핍에 길을 내는 일이 왜 더디기만 했을까. 까치발을 하던 동행인지도 모른다.

　영화를 보다 살짝 눈이 감겨온다. 두 번째 관람하는 만큼 긴장감이 풀려서다. 지인들과 관람하며 몰래 눈물까지 훔치던 영화인데 말이다. 영화가 끝나 나오는 길에 졸리지 않으셨는지의 물음에 한 번도 안 졸았다고 힘주어 답하신다. 가끔씩 끄덕거리는 내 모습을 눈치채시고 강조하시는 것만 같다.

　조그만 바람에도 흔들리는 어느 오름의 마른 풀꽃이거나 바닷가 바위 틈새에 가는 목을 빼고 선 작은 선인장쯤으로 걷고 계시다.

　뭇 발자국조차 지우며 거두고 있는 겨울비가 종일 그칠 줄 모른다. 훈풍을 업고 오는 봄비처럼 조용조용 스민다.

　몇 번의 겨울을 더 함께할 수 있을까.

모녀 축가

축가를 듣다 발칙한 눈물이 번질까요.

양가의 어머니 두 분께서 화촉을 밝힙니다. 창가로 보이는 한라산의 잔설도 반짝거리며 남동생의 결혼식을 축하하지요.

고씨의 성을 가진 올케를 맞아드리기까지 순조로운 길만은 아니었습니다. 알지 못할 완고함이 낳은 아버지의 역량이셨지요. 결혼을 허락한 양가는 소박한 결혼식을 치르기로 했습니다.

식장 입구에서의 남동생은 광택이 나는 회색빛 예복을 입고, 애교살의 눈매로 맞아주지만 가슴만은 줄곧 비장해 보입니다.

남동생의 대학과 대학원 과정을 지도해주신 교수님께서 주례를 맡아주셨네요. 같은 과의 선후배사이인 신랑과 신부여서 전모를 꿰뚫고 계신답니다.

"…. 이런 날이 올 줄 알았더라면 더 일찍 했으면 좋았을 텐데…."

대신해주시는 아쉬움도 정겹고, 다소 긴 주례사 내내 많이 웃도록 배려해주셨습니다. 조금 늦은 출발인 만큼 끝 모를 시련의 고비를 맞닥뜨리더라도, 둘은 잡은 손 더 꼭 잡으며 힘을 쓰겠지요. 상사화의 꽃과 잎 사이처럼 맴돌기만 하던 긴 시간들이 둘 사이를 더 다져놓았을 테니까요. 기다림에 이르는 길목을 몸소 터득한 이들이 피워낼 꽃은 어떤 모습일지 벌써 궁금해집니다.

한복을 입었다는 이유로 신랑 측의 좌석 첫줄에 앉았습니다. 제 곁엔 축가를 부를 막내 여동생과 조카가 나란히 레드카펫의 가로 앉아있지요. 제부는 딸의 뒷줄에 앉아서 딸에게

"실수 안 하고 잘할 수 있어."

소곤소곤 자주 확인하고 있습니다.

축가의 순서에 막내 여동생은 딸과 손을 잡고 나가, 또랑또랑한 목소리로 인사말도 잊지 않습니다.

"…. 이 곡을 제 딸과 함께 부르겠습니다."

신부 측의 부모님 앞쪽 편, 딸의 설 자리로 데려다주고 동생은 단상 위의 피아노 앞에 자리합니다. 키 낮은 보면대를 마주한 조카의 모습엔 진지함이 가득합니다. 그녀들만의 눈빛 사인

이 오고갑니다. 피아노의 음에 맞춰 차분하게 조카가 축가를 시작하지요. 그 위로 동생의 마음 덧입혀지자 조카의 알토도 옥구슬로 빛납니다. 진심을 담은 조카의 낭송 부분 또한 숨죽여 귀 기울이게 하지요. 한살 위의 오빠, 늦은 총각 졸업을 하는 외삼촌을 위한 공연이랍니다. 모녀의 축가는 초반부터 식장을 압도하며 오색 풍선처럼 두둥실거립니다. 신랑신부의 꿈에 막강한 날개를 달아주고 있습니다.

양가 부모의 좌석과 하객 쪽의 좌석도 빈틈이 없건만, 축가에 홀리듯 파르르 어떤 압축파일 하나가 풀리며 양 눈으로 번집니다. 막내 여동생의 결혼식 때, 부모님의 빈자리를 대신하려 애쓰던 남편의 얼굴이 어룽거렸던 게지요.

'당신이 먼 길 떠나던 날, 막내의 뱃속에서 만삭에 다다르던 조카가 열 살이나 됐네요, 보고 계신가요….'

앞뒤 없는 장면들이 슬그머니 고개를 듭니다. 한때 우리 친정 가족은 이산가족인양 척박한 한 시절을 보내야했지요. 부모님은 하시던 일의 실패로 '늦어도 10년'이란 계획을 세우고 일본으로 떠난 시기였으니까요. 가족이 모여 낯선 이별여행을 다짐하던 그 공간의 눈빛들 또한 흐릿한 풍경으로 가로지릅니다. 마음 자락 모서리의 실핏줄 한 올, 대체 누가 건드려 놓는 것일까요.

모녀의 하모니는 압권이었습니다. 주례사의 박수소리보다 훨씬 우렁찼기에 내게도 환기할 기회 내어줍니다. 왠지 최후의 일인이 될 때까지 박수라도 쳐야만 했고, 축가는 어느 마디부터인지 귀로만 보아야 했습니다. 그 시간이 꽤나 길어보였습니다.

한창 공부할 시기의 두 동생들은 가족사의 흐름에 홀로서기들을 해야 했지요. 맏이의 형편을 아는지라 손 벌리는 일 없었고 아마도 방치된 상처들이 저들을 키워낸 것 같습니다. 아픔 없이 피어나는 꽃들 없을 테지요.

저와 띠동갑인 막내 여동생은 부산에서 결혼식을 했습니다. 육지의 대학을 다녀 운동권 학생으로만 겉돈다고 멀리서 늘 걱정하시던 부모님이셨지요.

눈에서 멀어지면 마음까지 멀어진다 했던가요. 허둥거리던 나의 삶보다 통로가 막연한 동생들의 고단함은 무수한 기호들로 서걱거렸을 터입니다. 따뜻한 말 한마디 건네지 못하던 누나이자 언니였지요. 이 둘의 지친 발걸음마다에 드리웠을 손바닥만 한 그늘조차 거두어주지 못했으니까요.

막 끝낸 축가의 원곡을 본디 부른 장본인, 여동생이기도 합니다. 돌이켜보면 시절 속으로 젖어든 동생의 끝 모를 뚜벅거림에 일던 바람들, 그것들이 키워낸 것은 아닌가 해봅니다. 예전 막내의 특권쯤으론 결혼식에 참석해야 한다며 생떼라도 부렸다면, 부모님 중 한 분이라도 발길 돌려 세웠을지도 모를 일입니다.

　마치 고사리 장마로 훌쩍 자라난 고사리마냥 조숙해진 조카까지 동행한 축가임을 얼마 전까지 눈치채지 못했답니다. 조카는 어려운 축가를 엄마와 호흡 잘 맞춰냈습니다.

　오전 11시부터 시작된 예식, 빼놓을 수 없는 기념사진 찍기가 한창입니다. 사진을 잘 찍어보려는 기사님과 한 인물 나게 찍히려는 관계 속 소통은 말로 몸짓으로 분주하기만 합니다. 짧지 않은 여정이 서서히 마무리 되어가는 온도가 느껴집니다.

　아침을 거르고 오셨을 하객들이 많을 것 같습니다. 문득 시장기가 동하자 비빔밥 한 그릇 짠하며 나타나 줄 것만 같습니다. 넉넉한 그릇 안에서 가지런히 놓인 갖가지의 재료들이 선명한 색감, 갓 피운 한 송이의 꽃처럼 정갈한 모습으로 말입니다. 우리네 삶을 빼닮은 비빔밥 한 그릇의 진가처럼 새출발 어우러져 맛깔스럽기를 기대합니다. 서로에게 위로가 되어줄 가족이 길 새 올케에게도 바라보지요.

　모녀의 듀엣은 응원가로 향기 배인 울림으로 채워지던 긴 여운입니다.

고사리 장맛비

'후두둑, 후두두둑….'

흐리던 오후, 침묵 사이로 창문 두드려대는 소리 바쁘게 당도한다. 따끈한 커피 한 잔 들고 창가로 가 하얀 김 너머, 빗소리가 품을 내어주는 풍경 안으로 따라나선다.

노크하는 빗소리에 봄앓이 하던 들녘, 잰 손놀림에 부산스러워질 터다. 바깥 동정만 살피던 고사리들이 맨 먼저 고개 불쑥 내밀 일이다. 뒤이어 참꽃의 빈 가지에도 물오르게 할 봄비의 음률에 마음이 먼저 들녘으로 달음박질한다.

이 비가 뿌려놓는 만큼 가물던 들녘의 속살 여물고 주름 접힌 마음들 활짝 펼쳐질 것이다. 앞서거니 뒤서거니 참꽃 나뭇가지의 굳은살 뚫고 잎보다 먼저 낯붉히며 선보일 꽃잎 속살거린다.

진분홍 꽃봉오리들 꿈틀거린다. 새색시 속마음 빼닮은 참꽃의 봉오리들, 새신랑 마음 닮은 연록의 돛을 내건 잎들이다. 주름부채 속에 감춰 몰두하는 표정들이 출렁거린다.

　오전과 오후로 달라지는 봄빛에 때를 놓치면 할 수 없는 일이 고사리 채취다. 친가 할머니의 연례행사인 고사리 꺾기에 말벗, 동행은 언제고 망설임이 없다. 이슬에 단장한 고사리를 만나러 가는 길목, 곧잘 나를 앞장세운다. 저들도 비장하리만치 자존심 건 무장으로 곤추세운 꿈의 행진, 첫걸음마인 셈이다. 그 오고 가는 나들이에 아랑곳없던 할머니의 눈길, 손길만 바빠지던 날들이다.

　솔오름 자락으로 향하며 건천 가의 진분홍 참꽃에 홀려 발자국 조심스레 내딛던 벼랑 끝, 한치의 무서움 모르던 한때의 용감함 같다. 손 내밀어 취함에 머뭇거린 적이 없었기 때문이다. 참꽃에게도 일렁이는 유전자가 있어 나를 불러 세웠을 테니 예닐곱부터의 고사리손을 거쳐 간 꽃다발들 헤아릴 수 없다. 걷다가 시들면 새 꽃다발로 꾸리던 내 유년의 페이지들이 또렷해진다. 풋내 나는 가슴에도 화사함을 누림이다. 진분홍 꽃을 쫓다 그리움도 눈뜨게 되었을까.

　무수히 꺾어대던 꽃가지의 옹이 주변은 어떤 모습으로 변해 있을까. 봄비와 봄바람이 불러낸 저들이지만 누군가의 분부로 세상 밖으로 나왔을 텐데 다 펼쳐 보지 못한 꿈들에 때늦은 미안함이 일렁인다. 그냥 길을 지나가달라는 외침, 왜 없었을까.

 새소리를 들으며 할머니와 건너던 사오월의 들녘, 햇살을 등지고 앉아 나누던 찐 고구마 간식처럼 달콤하던 곳곳의 쉼터들 문득 그립다. 강처럼 흐른 세월에도 할머니의 숨결이 곁인 듯 느껴진다. 민낯인 할머니의 얼굴에 깃든 인자함도 여전히 유효하다. 오랫동안 잊고 지낸 평화로움이다.

 고사리꺾기의 하산 길엔 내 등짐에 어울릴 만큼의 고사리의 분량 지워 안거리의 어머니께 보내신다. 손녀의 등짐으로 대신하던 할머니의 메시지가 아닐까. 설사 어정쩡한 고부관계의 상황에도 요긴하던 중추적 역할의 자리매김이다.

 할머니께서 오일장을 다녀오시는 날엔 마실 과자를 늘 안겨주고 난 후 짐정리를 하신다. 그 기다란 과자봉지의 크기만큼 든든한 울타리다.

 "해자는 꼭 대학에 보내거라."

 할머니께서 길 터주려던 진분홍 속마음이 뒤늦게 당도한다. 아릿한 첫 기별에 새까만 꽃씨처럼 한 점으로 와 박힌다. 묻힐 법한 할머니의 기원 한 자락 어머니로부터 뒤늦게야 듣던 터다. 처음 듣던 순간 목탁소리보다 더한 울림, 천둥소리만큼 크게 다가온다. 고난도의 숨은그림 찾기를 하듯 에돌던 할머니의 사랑, 조금 더 일찍 접하지 못했을까 하던 마음 할머니도 눈치 채셨을까.

열 살에 할머니의 상여를 보내드리며 의미도 모른 채 동네 네거리서 서성대던, 더는 따라 가면 안 된다기에 안 보일 때까지 눈을 떼지 못하던 일도 빗소리의 여백 사이로 지나간다. 뜻모를 부재를 안겨준 할머니, 밖거리*의 부엌문 밖에서 주인 없는 부엌만 갸웃거리며 빈 공간의 존재에 물음표만 웃자라던 때다.

고사리 꺾던 기억은 없고 온종일 내리쬐던 봄 햇살과 내 손에서 시들고 사라지던 갖가지의 들꽃 부케들 줄을 잇는다. 멀찍이서부터 손짓하는 제주참꽃, 솔오름 곳곳에서 반짝이며 눈짓하던 노란 양지꽃, 보랏빛 노래로 재잘거리던 제비꽃들, 잔디에 얼굴을 묻어야만 간신히 보여주던 털복숭이 할미꽃들, 그 꽃자리 유년의 반을 차지하는 듯하다.

'할미꽃 지고 나면 백발 같다.'던 어느 분의 말씀처럼 어린 마음에도 기대하던 꽃이 져버렸을 때, 아쉬움 쓸어내리던 적 많다. 동의하시는지 할머니의 눈웃음이 어룽거리는 듯하다.

제주참꽃은 아직까지도 아끼는 봄꽃 목록의 첫째다. 빗소리에 끌려 녹슬어가는 마음에 할머니와의 동행, 그 온기로 따뜻해진다.

창문 너머 할머니의 둥근 얼굴 위로 봄다운 진분홍 참꽃의 꽃물 번져온다. 유년의 길목에서 듣던 할머니의 나직한 음성 빗소리로 내려앉는다.
 할머니께 받은 사랑, 손주에게도 이어질까.

502호 모퉁이

병원을 향하는 발걸음이 무겁다.

경계의 모퉁이란 생각에서이다.

병실로 들어서자 친정어머니는 들고 간 것을 채 부려놓기도 전에 "그거 한 병씩 다 돌리라." 하신다. 무슨 규칙이 있나 하며 돌리고 나니 빈손, 어머니와 눈이 마주치자 "많이 얻어먹었다." 목소리 낮추신다.

여섯 개의 병상, 나이의 숫자에 눈길이 멎는다. 어머니와 동갑이신 한 분과 71세 두 분, 88세 두 분, 잘 지내보라는 배려의 숫자들일까. 나이에 대해 갸우뚱하자 "88세 할머니 두 분 중, 오른쪽의 침대엔 94세, 맞은편 구석은 91세"라며 소상히 알려주시는 어머니다. 91세, 94세가 병원나이 88세로 명명된다니 낯설지만 정감이 간다. 방 식구들로 모이게 된 사연을 꿰찬 듯 어머니는 내게 귓속말로 바쁘다.

어머니가 입원한 날 오후에 든 94세 할머니는 줄곧 주무시기만 한다. 간밤 내내 앓던 소리, 방안 식구들의 잠까지 설치게 하고 청한 잠이니 오죽할까. 그 내뱉던 소리들은 지난 시간을 밀봉해둔 탄식쯤이 아닐까. 조금 전까지 할머니의 코에 걸렸던 산소 호스가 사라졌다. 긴 잠에서 깨어나자 화장실을 가신다고 한다. 기저귀를 채웠으니 그냥 일을 보시라는 며느리와 한판 씨름 중이다. 서로 들춰낼 자국이 있는 듯 아슬아슬하다. 링거가 두 통씩이나 투입되는 것으로 병환을 짐작해볼 뿐이다. 부축하고 갈 힘도 없다던 며느리가 고분고분 않는 시어머니를 동행한다. 13년째의 치매, 병원에 오기까지 식사를 전폐하자 이르게 된 곳이란다. 곡물 한 수저를 넘기질 않으니 죽을지도 모른다고 겁을 줘가며 드시도록 하는 병원살이 식구들이다. 그런 입방아가 통한 것인지 죽을 조금 내린 할머니가 되찾은 기운 탓이었을까.

저녁식사를 막 끝낸 병실, 내일 오전이면 퇴원할 91세의 할머니가 운을 뗀다. "젊었을 땐 동네에 한글 아는 사람이 없어 20년이나 부녀회장을 했지…." "내가 노래를 먼저 시작할 테니 다들 돌아가면서 한 곡씩 합시다." 깁스한 팔이 무색하리만치 숨겨둔 끼를 발산한다. 금세 웃음바다로 바뀐 병실이 들썩거린다. 자연스레 두 번째 곡이 이어지자 치매인 할머니가 앉았다 절로 박수를 치기 시작한다. 두 곡이 끝나자마자 '노세노세 젊어서 노세….'로 끼어든다. 시들던 눈매에 야생의 에너지가 묻어온다. 꽃분홍 시절로 넘나드는지 링거의 줄도 따라 팔랑거린다. 필시 당신의 봄날, 어느 하루를 퍼 나르는 것 같다. 사는 일과 떠날 일의 경계를 들락거리며 가두었던 젖은 것을 토해내는 것이다. 차례도 아닌데 흘러들어, 이어진 다른 노래엔 그리움 한껏 차오르던 눈빛의 동선 훔쳐본다. 팔랑거리던 날갯짓과 소리꾼인양 가락을 타는 심지로는 치매를 앓던 할머니가 아니다. 대체 누가 태엽을 돌려놓은 것일까.

  범벅이 된 병실 안의 웃음소리와 추임새, 박수소리가 새어나갔는지 구경꾼들이 몰린다. 복도 입구까지 꽉 채운 그들도 한 무리가 되어 물살을 탄다.

  91세 할머니의 아들 딸과 손자들이 들어오기 전까지 열리던, 저 소통의 장은 막연하던 병원살이 식구들의 심신을 잠시나마 일으켜 세운다. 링거의 수액이나 때 맞춰 먹는 약보다도 보약인 듯 흥겨움 나누던 마당 가운데 병마들도 퇴출했나 보다.

  자잘한 등나무의 꽃송이를 닮은 치매 할머니는 늘 흰 수건을 머리에 이고 있다. 손녀가 와서 색색의 수건이 더 곱다, 어르며 씩워도 이내 치워버린다. 흰색의 자존감이 할머니를 지탱하는 까닭일까. 서리 내린 머리 위로 앉은 하얀 꽃밭, 등꽃 송이 환희 밝히는 일일 터다. 한때는 누군가의 울타리로 건재하던, 이제 서성거리다 남은 꽃자루조차 부려놓아야 할 언저리이다. 할머니의 독백이 길지 않았으면 해본다.

나의 저물녘을 만지작거리다 아직도 농사일을 하신다는 91세 할머니의 건강유지법과 오달진 삶의 경작법을 본받고 싶어진다. 그 어르신이 존재의 끝을 향한, 자연으로 돌아가는 일 앞에서의 의연함도 오래 되새김질하게 될 것이다.

흥겨운 고별식, 군불 지펴주며 삶의 온도 달궈주던 여운도 잠깐, 표정 잃은 기류에 젖어드는 눈동자들이다. 떨이하다 남은 듯한 좌판의 생선들처럼 가여움 어룽거린다.

틈을 타 집안 일 걱정하시는 우리 어머니, 김장배추를 사다놓았는데 병원신세를 탓한다. 뒤따라온 궁색한 일상의 그림자가 길어진다. 집안에서 대수롭지 않게 넘어져 옴짝달싹 못하던, 갇힌 굴레에서 쉬며가라는 분명한 명령인 것이다.

쪽잠을 주무시는 어머니의 흰 건강의 잔고도 죄인처럼 말이 없다. 베고 누운 외로운 나이테가 산그늘처럼 서늘해 보인다. 점차 거칠어지는 숨소리가 목울음 되어 속귀로 당도한다. 생전의 외할머니께 목욕 한번 시켜드리지 못한 것을 목에 가시처럼 걸린다고 한 적이 있다. 내일 아침엔 링거를 교체하는 사이에 샤워를 해드려야겠다.

또 하루를 보내는 길목이다. 병실의 간이침대에 누우니 천장에 박힌 별들도 쉬려고 오금을 펴고 있다. 잠시 빌려 쓰다가 가는 곳, 병실인지 놀이터인지 분간이 안 가던 곳이다. 외로움의 터널에서 빠져나와 충만하던 그때의 에너지들을 떠올린다. 한때나마 어우러지며 훈훈함 녹아들던 병실의 모퉁이를 더듬게 한다.

다음날 아침, 병원살이 칠 개월째인 분이 음료수를 돌린다. 엊그제 그 누구도 다녀가지 않았는데 12월의 속살인가 보다.

송이낭

카톡으로 태아 사진 찍은 것이 도착한다.

얼마 후 심장 뛰게 하는 동영상이 날아든다. 들여다보고 있노라면 쿵쾅쿵쾅 내 심장도 그에 맞춰 함께 뛰는 듯하다. 희망과 연대감의 물꼬임에 틀림없다.

성별에 관계없이 첫손자라 적잖은 울림으로 자리한다. 쉬지 않고 뛸 긴 여행길, 삶을 준비하는 '송이'를 함께 기다린다. 기다림에 빛깔이 있다면 잘 익어가는 비파색쯤이 아닐까.

절에서 사십구재 진행 중에 법문을 청해 듣는 시간이다. 그중 한 대목에 임산부의 입덧은 전생에 먹고 싶었던 것을 찾는 것이라는 스님의 말씀에 귀가 쫑긋해진다. 며느리가 임신 초기인지라 더 와 닿던 것일 게다. 그 말씀을 들은 후 직장을 다니며

고생하는 며느리에게 맞난 거 사먹으라고 약간의 금일봉을 챙기게 된다. 조금 보낼 테니 통장번호를 보내라는데 시간이 걸린다. 괜찮다고 극구 거절하다 보내온다. 입덧이 심할 즈음이라 무사히 잘 넘기길 기다려본다.

 유독 입덧이 심했던 친구가 떠오른다. 임신만 하면 물만 먹어도 토해 병원 문턱 닳아질 정도로 드나들며 어렵사리 산달을 채워간다. 딸을 내리 셋을 낳고도 아들을 낳으려 치성들이던 터다. 그런저런 사연을 들을 땐 남의 일이 아니다. 아들을 얻고 싶은 남편 또한 아침 출근길마다, 절에 기도하러 나서는 아내를 위해 하루도 거르지 않고 절 입구에 내려주고 직장으로 향한다. 그런 부부의 마음을 아는지 소식이 당도한다. 기도는 어디 가지 않는다던 또 다른 친구의 말처럼 절심함이 어떤 것인지를 알게 한다.

 아이들이 태목 한 그루 심어달라고 부탁을 해온다. 이 낯선 낱말과 친해지기 위해 나름의 의미들을 부여해본다. 그들의 입장이 되어보기도 한다. 그러마라고는 하지만 정작 어떤 것을 선택할까 시간만 흐른다. 나무를 정해주면 곧 심어주마 하고 기다리는데 전적으로 내게 미룬다. 소식이 없자 은근히 재촉해 오는 시간 앞에 숙제 하나를 미루고 있음을 실감한다. 나무 종목 선정도 그런데 내가 살고 있는 울타리에 심으면 되겠냐고 묻자 밭에 심어 달라 부탁한다. 어떤 나무가 좋을지는 기다려 봐도 답이 없다.

　태목은 할머니가 될 이가 심어야만 하는 것일까. 오랜 끝에 비파나무로 결정한다. 나무의 여러 효능도 참조하고 친정집 울타리를 지키던 추억 나무이기도 하여 선정하고 보니 마음이 한결 가벼워진다. 오일장날을 기다려 비파묘목 한 그루를 구입하여 태아가 잘 자라길 기원하며 정성껏 심는다.

　이 나무는 사철 파릇파릇하다. 게다가 시원스런 잎들을 달고 있다. 철없이 호기심 가득한 새순과 추워갈 때 맺는 꽃송이 마다 솜털 고루 쓰고 세상으로의 여행을 알린다. 이 꽃송이들 피는 모습은 마치 아기가 태어날 때 세상을 향한 신고식처럼 큰 함성을 아끼지 않는다. 저들만의 자기 사랑법이 뚜렷하다. 어릴 적 집 마당 한편의 비파나무 열매는 유달리 동네 어떤 열매보다 실했다. 품종 탓인지 비파 따먹고 나서 그 맛 잊을 만하면 보너스가 생긴다. 간식거리가 여의치 않을 때 비파 딴 끄트머리에 여무는 작은 그것은 언제부터인가 입 안에 침이 고이게 한다. 가끔씩 허공의 나무 위를 향해 기웃거리게 된다. 사다리를 든든한 울담으로 대어놓고 안전하게 나무로 옮아간다. 나무 위에서의 눈동자 바빠지는 시간이다. 그 작은 보너스는 특별함으로 또 다른 별미다. 시간을 업고 점 하나를 간신히 키운 산물이라 어린 마음에도 기특할 뿐이다. 고마움이 웃자라던 풍경 하나인 셈이다. 어른들은 특별히 그 나무의 열매 따위에 관심 없기에 오롯이 동생들과의 전유물이다.

지금도 그때의 살풋한 풍경들이 전경으로 펼쳐진다. 한가득 달린 실한 열매들, 돌이켜보면 그 나무는 우리 형제들의 내면을 살찌웠는지 모른다. 이웃한 단감나무와 쌍벽을 이루던 두 나무는 경쟁하듯 키도 비슷하여 나란한 이웃사촌이다. 지금도 잘 익은 황금빛 열매를 떠올리면 입안에 살짝 침이 고여 온다. 그 마법같던 즐거움 마다하지 않던 추억나무를 손자에게 선물함이다. 무럭무럭 잘 자라는 습성 또한 지니고 있어 어여쁘다.

태명이 송이인지라 송이낭*이라 부른다.

* 송이낭: 송이의 나무

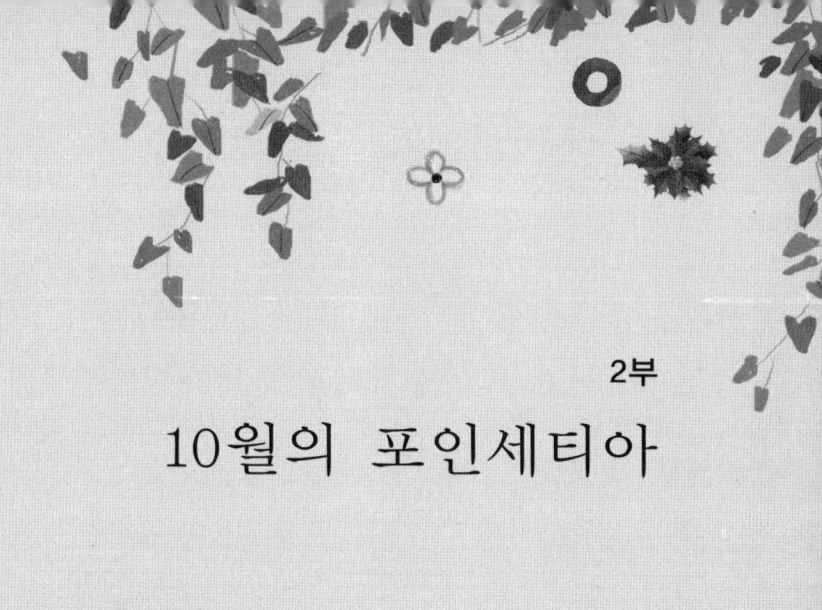

2부
10월의 포인세티아

언니의 거울

언니의 주변은 늘 반짝거린다.

부엌 개수대 앞, 벽의 동그란 거울이 지켜서가 아니다. 큼지막한 거울을 하필 그곳에 붙여놓았을까. 개수대에서 일하는 동안 볼 용도라면 눈에 띄지 않을 작은 손거울 정도면 될 터다. 시간이 지나도 가시지 않는 의문에 언니에게 묻자, 눈꼬리가 먼저 초승달을 그린다. 입에 묻은 것을 보기 위함이지. 겨우 들릴 듯 말 듯한 어투는 촌철살인 되어 박힌다.

둥그런 나신의 화장 거울도 붙박이가 되는 동안 생각이 많았을 게다. 그것은 자리값을 하려 온갖 것에 참견하고, 커다란 감시자로서의 부라린 눈동자 굴리는 소리 낼 법도 하다. 나의 속 좁음일까. 예쁜 것도 담아내지만 때로는 가리고 싶은 구석까지 들춰내 더딘 언니의 손길을 혹사시키는 주범은 아니던지.
 아파트의 꼭대기 층, 10층은 사방으로 탁 트인 시야가 확보된다. 이사 온 지 20년이지만 새 아파트처럼 말끔하다. 지나가는 바람과 햇살, 날아드는 눈송이와 조각구름까지도 너른 창으로 잠시 들렀다 쉬어가는 곳이다. 뒷베란다 천장 위로 내닫는 비둘기와 뭇새들의 발자국 소리, 크고 작은 빗방울 소리까지 고스란히 접견한다. 가뭇없이 그들이 찾아드는 곳, 바깥 풍경까지 온전히 안아주는 거울이고 보면 주인을 닮아 오지랖이 넓음일까.
 편치 않은 몸, 운신조차 쉽지 않으니 그리운 이들을 종종 불러들인다. 언니만의 호소력과 조심스레 초대하는 매너 또한 섬세하다.
 그녀의 식탁 위에는 항상 찐 고구마가 놓여있다. 본인이 좋아하는 거라곤 하지만 누군가의 불시방문에도 내놓을 거점 요량이듯, 잔치라도 치를 준비가 된 정갈함의 여유를 본다. 언니만의 길 찾기의 해법이 녹아들어서일까. 그녀의 손길을 거친 것들은 빛의 통로이자 위로가 된다.
 금강비로 위치한 거울은 알람처럼 시시때때 흔들어 깨운다. 그 맞은편 벽을 낀 주방 식탁 한 자리는 언제 내놓을지 모를 글감 다듬는 그녀만의 공간이다. 소녀 같은 마음에 미완의 꿈을 가꾸는 길, 늘 끼고 지내는 휠체어 바퀴의 가운데 마음쯤이 아닐까. 떠올리고 싶지 않은 젊은 날의 교통사고로 긴 외로움을 벗삼은 터다. 이제 편도의 기억은 원숙함으로 환치해 꾸려가며 지낸다.

언니와는 무엇을 말하는지 주의 깊게 들어야만 소통이 가능하다. 음성으로써의 의사전달에 적잖은 불편도 감수함이다. 지울 수 없는 큰 상처가 선물일 수 있을까.

아침마다 또 다른 동그란 창으로 스며드는 맨 얼굴의 햇살, 그 부지런함의 파장은 언니의 출석부터 체크할 것이다. 언니 못지않은 심미안을 가진 그것은 또 다른 창, 가끔은 터줏대감인 양 거들먹거릴지도 모른다. 그 앞에 주눅이든 적 없었을까. 더딘 손놀림은 무엇부터 해야 할지 모를 때가 허다했을 게다.

가벼이 떠나고 싶은 마음을 도닥이려 지나는 풍경과 구름 한 조각, 새 한 마리, 바람 한 자락까지 초대하려 둥근 창을 내건지도 모른다. 그 창을 통해 만나는 것들에게서 관조와 소통으로 치유받는지도 모른다. 빛 잃은 사물들에조차 반짝이는 생각을 입혀 따뜻함을 불어넣는 언니, 거울과의 여정은 늘 야물다.

하루를 시작하게 하는 동그란 거울, 앞으로 나아가게 하는 그것의 위력을 감지해본다. 집안 곳곳에 내걸린 결코 가볍지 않은 손길들, 주인장의 성품 닮은 시계추들 같다. 먼지 하나 앉을 틈을 내주지 않음이다. 장애를 넘어 영롱함을 유지하려 콧등에 땀방울 늘 송글거리는 그녀다.

  그녀의 베란다 구석 화분에 갓 피운 분홍빛, 천리향 꽃등이 웃고 있다. 그곳에 숨어든 향기처럼 더딤 속의 향유, 언니만의 동작들로 곳곳이 반짝인다. 항상 깨어 있는 외눈박이의 창, 그 거울 앞에 선 언니는 누구보다도 해맑다.

  언니의 눈이 하나 더 걸린 그곳, 늘 합장한 섬 하나는 언니의 또 다른 이름이다.

겨울 아지랑이

길가 냉이꽃의 눈웃음에 그냥 지나치지 못한다.

모셔와 낮은 유리잔에 앉힌다. 한참을 지켜보다 지난 산행 중, 오름 분화구에서 만난 아지랑이인지 냉이꽃의 무리인지 모호해진다.

그 겨울 날 아지랑이를 대면하는 순간 반가움과 낯섦이 한가득하다. 노꼬메 오름 정상에 발을 들여놓자 지난한 겨울을 난 핏기 잃은 누런 풀잎들, 그 위로 춤을 추는 무리들이 기다리고 있다. 사방을 적셔놓아 촉촉함은 새벽이슬이 다녀간 발자취일까, 봄 마중 하는 길목일까.

물기를 머금은 풀잎들에서의 산화는 모든 존재의 무거움까지 덜어주기 위한 몸짓인 것 같다. 아지랑이의 길트기 행진은 지칠줄 모른다.

  하늘과 맞닿을 꿈에 섬이길 자처한 노꼬메도 소통의 시간이 필요한가보다. 미동도 없는 오름 정상에 유독 아지랑이 군단만 설레발이다. 겨울에 어찌된 호들갑일까. 그들의 왕성한 군무를 쫓다보니 눈길 둘 곳 바빠진다.

  아지랑이의 표표함은 낯선 곳을 찾아 떠나는 진정한 여행자처럼 보인다. 오롯한 자신의 마음 안에서 새털보다 가벼워지려 수행 중인가 보다.

  저 군상 속에 꼭 전하고 싶은 무언가가 있음일까. 먼 길 떠난 이의 마음이 겨울 아지랑이 속으로 당도한 것 같다. 할 말을 다 못하고 세상 뜬 이가 지키지 못한 약속들을 물리려 한다. 굴곡진 생을 입담으로 풀어놓고 있는 중이다. 그 춤사위의 꼬리에 가슴으로 하는 말, 합장한 모습의 진솔함을 읽는다. 동행한 일행들의 훼방으로 소금꽃의 시간에서 물러선다.

  노꼬메 오름 정상에서 오롯한 동면을 위해 벌거벗은 나무들, 그늘진 곳마다 흰 눈이 수북하다. 나무의 허리춤마다 간격을 잰 듯 쌓인 눈을 지워놓은 둘레. 그 공간은 그들의 간절한 기도가 탑을 이루어 하늘에 다다름이다.

  초록빛을 빛는 새순들은 모두 깨어 있기를 자처한다. 분화구 안의 진초록 잎을 고수하던 키 작은 소나무, 그를 호위하던 아지랑이가 봉기하며 또 다른 비상을 준비한다.

　오름 정상을 향하며 가파른 곳을 지나는 내내 콧물까지 쏙 빼놓더니 정작 정상에 이르자 공사 중인 봄을 알린다. 정상은 바람으로 더 추울 것 같아 목도리까지 고쳐 매며 다다른다. 발 들여놓던 순간 뜻밖이다. 겨울과 봄 사이의 길목, 꽃샘추위가 무색한 1월 첫 주말. 절기를 잊은 채 오름 분화구 안은 조숙한 사춘기 소년의 정체성처럼 분주하기만 하다. 내걸어둘 큰 명분은 없지만 사방에서 저들끼리 부추기며 어우러진다.

　봄에 초록을 앞세움엔 지난 늦가을 빈자리를 내어준 잎들의 당부이거나, 펼쳐보지 못한 빈약한 꿈들의 재도약일 것이다. 삶의 무게를 아지랑이처럼 가벼이 하라는 귓속말 엿듣는다.

　저마다의 속살을 건드리며 손잡게 하는 아지랑이는 소통은 막힘없기를, 잃어버린 시간은 놓아주기를 읊조린다.

　냉이꽃다발이 든 유리잔의 물을 갈아주려는데 하얀 뿌리수염 야무지게 거느리고 있다. 별 중에 별이길 자처한 작은 꽃들 진 자리로 커다란 꼬투리를 지어낸다. 겨울 아지랑이의 응원에 대찬 생명력을 키운 터다. 그 별꽃들은 무리에서 떼어놓고는 볼품이 없으나 통만큼은 큰 꽃이다.

　냉이꽃들의 속살, 숨겨놓은 보물찾기 표를 찾아든 듯 냉큼 펼쳐본다. 군중의 힘을 믿는 함성 속, 깃털보다 가벼운 발돋움이 깃들어 있다. 그 은빛 물결이 내려앉은 자리에 삼각 팻말들의 다짐 서로 확인한다.

'당신께 나의 모든 것을 드립니다.'

앙증맞은 냉이꽃의 꽃말처럼 걸림이 없는 소금꽃다운 말씀이다.

냉이꽃과 겨울 아지랑이가 이끌 봄이다.

두 개의 '구씨'

"동그라미를 그려보세요."
"동그라미가 잘 안 돼요."
"나도…."
"나도…."

아이들의 목소리는 언제 들어도 상큼하다. 지난여름 옆 매장 공방에서 회원들의 자녀 중 취학 전 애들을 위한 특강쯤이었나 보다. 동그라미를 잘 그려보려 하얀 도화지 위로 집중하던 꼬마들이다. 무심결에 듣다보니 어른인 나도 동그라미를 잘 그려낼 자신이 없다. 꼬맹이들 마냥 마음속으로 동그라미를 따라 그리던 일이 떠오른다.

이 가을 친구로부터 두 가지의 '구씨'를 선물로 받았다. 그것도 이태째 받는 행운이다. 가을이 아니면 볼 수 없는 귀한 것들이다. 친구는 넉넉한 미소와 함께 그것들을 가방에서 꺼내며 매장의 적당한 자리를 찾아 놓아준다. 쏟아지는 것들로 인해 코끝까지 알싸해오지만 함박웃음으로 고마움을 대신할 뿐이다. 한 줌이 채 안 되는 구실잣밤과 한 뼘 정도의 나뭇가지에 매달린 구찌뽕의 열매다. 전자는 타원형으로 통통하고 외피는 윤기가 반지르르한 갈색에 작지만 밤의 껍데기처럼 딱딱한 편이다. 날것으로도 먹지만 쪄서 먹으면 더 고소하고 맛있기도 하다. 후자는 오돌토돌한 외피에 붉은색, 하얀 솜털이 온통 씌워진 동그란 열매다. 그 질감과 색감이 주는 정감은 친구의 수다처럼 촘촘하다. 두 가지 모두 적잖은 일가를 이루기에 더 조화롭고 풍성하다. 그간 잊고 산 것들 중, 가을을 상징하는 조각들 같다. 어린 시절 가족들과 찐 구실잣밤 열매 까먹던 추억과 가을 어느 한때, 할아버지의 마차 꼭대기에 얹혀와 받아들던 구찌뽕들이 아닌가.

밀린 수다를 풀어놓고 친구가 돌아간 후, 구찌뽕 열매들 속에는 친구의 마음이 고스란히 녹아있다. 굴러갈 듯 모난 곳이란 찾아볼 수 없다. 오돌토돌한 문양엔 친구의 마음주머니로 부리는 촛불 같은 불씨 빼곡하다. 그 속엔 잔정과 함께 어떤 기도 같은 마음들 가득하다. 값비싼 보석과도 견줄 바가 없는 넉넉함의 전이에 돈 주고 살 수도 없는 행복을 주저 없이 받아든 것이다. 매장 안에서 맴돌기만 하는 내가 측은해 보이는지 종종 척박한 일상에 이벤트를 만들어준다. 늘 퍼다 주는 신선한 선물엔 계절의 색깔과 냄새, 잃었던 향수까지 고스란히 충전시켜주는 덤들이다. 자연 한 조각, 한 줌의 열매를 만지작거릴 수 있는 기쁨은 결코 작지 않다. 어중간함이 아니다. 그것들이 주는 위로는 고단함을 씻고 치유해내는 마력의 장치처럼 살갑다.

그녀는 시인은 아니지만 어느 시인보다도 따뜻하고 더한 감수성의 소유자다. 종종 잃어버린 나를 찾게 하고 더듬이를 달아준다. 가장 약한 부분을 알아 챙겨주는 벗이다. 인간미 폴폴 풍기는 사람냄새, 늘 계산 없이 퍼주고 누구도 맛볼 수 없는 것들을 날라다 주기에 남다른 명품 벗이다.

살아가다 길을 잃어 암중모색인 상황에도 그 친구의 진솔한 마음 한 자락 다녀가면 시너지가 된다. 때로는 웃어야 할 자리에서 한숨지을 일도 생기지만 친구를 통해 살아가는 법, 나누는 법을 배운다. 남에게 주어버린 것만이 영원히 내 것임을 아는 그녀의 마법 같은 손길이 문득 그립다.

공중화장실의 통로 한 편에서 나뒹구는 둥근 단추가 눈에 띈다. 자세히 보니 갈색 큰 단추 가운데에 있어야 할 네 개의 동그란 구멍 사이, 경계가 없어진 것이다. 제 몫을 해내느라 늘 충혈되었을 네거리의 버팀목이 무너져 하나가 된 터다. 부득불 지워진 경계로 그 단추 주인의 곤혹스러움보다 어떤 해방감을 맛본다.

가끔 들르게 되는 내도 알짝지, 파도에 내어놓는 까만 몽돌들, 오롯한 마음이 아니고서야 어찌 몽돌로 서게 될까. 친구의 선행을 마주할 때마다 알짝지의 몽돌들 상기시킨다. 비 오는 날의 수면 위로 그려지는 수많은 동그란 파문들은 어떠한가. 서로 보듬어 하나 되는 일, 이보다 더 아름다운 수행이 있을까. 우리들 생애의 저녁에 이르면 얼마나 타인을 사랑했는가를 놓고 심판받을 것이란 말을 곱씹게 한다.

꽃보다도 어여쁜 마음의 소유자, 누가 알아주지 않아도 주변까지 웃음꽃 지피는 그가 있어 늘 호사를 누린다. 친구의 동그란 마음 한 자락에 심장이 쿵쾅거린다.

단풍 같은 오색 마음을 배달해준 친구의 '구씨'들로 지나치는 가을이 표정을 찾는다.

아다지오로 오는 노을

"노을이 넘 곱네. 지금! 하던 일 멈추고 서쪽 하늘로 눈 돌려 봐."
가끔 일터에서 틈이 나면 바깥 풍경을 내다본다. 노을이 고운 날은 차마 혼자 보기 아까워 친구에게 문자 메시지를 띄운다. 어쩌다 급한 마음에 '서쪽 하늘'을 '사쪽 하늘'로 전송되어도 친구는 군말이 없다.

일터인 매장에 손님이 없는 날이나 눈이나 비가 오는 날에도 창밖을 보게 된다. 시간에 메어있는 만큼 별 생각 없이 바깥으로 향하는 시선이다. 여유가 되는 날이면 해넘이를 기다려본다. 가끔 몇 개의 건물 사이로 기우는 해를 마주한다.

아낌없이 나눠주던 햇님의 낯이 홍시처럼 변해감에 따라 누군가의 붓놀림인지 휘넓은 화폭에 농도를 달리하며 타는 붉음은 경이 그 자체이다. 그 앞에 서면 '오늘 하루도 모든 것들에 감사하며 지냈는지, 충실한 마감이 되고 있는지' 등의 꼬리에는 늘 완전하지 못함을 인정하는 자신을 발견하게 된다.

　해넘이의 위치도 계절을 따라 옮겨 다니나 보다. 동절기엔 맞은편 큰 건물의 유리벽을 통해 석양만을 담아내더니 요즘은 해가 길어진 만큼 북쪽으로 성큼 이동한 해님을 편하게 볼 수 있다. 사각의 유리창 틀로 이어진 둥근 창에 이르면 유독 그것들은 중첩된 얼굴들로 볼 수 있기도 하다. 오로지 한 개로 존재하는 해이지만 볼록한 유리창 앞에선 조금만 갸웃거려도 몇 개의 모습으로 나타나 또 다른 특별함으로 다가온다. 마치 숨겨두었던 천의 얼굴을 가까이서 보는 듯하다. 그들은 스스로에게 더없이 엄격하며 장벽을 깨보라고 이구동성이다. 자신을 찾아가게 하는 엄숙한 시간 같다. 어디에도 없는 나로 서기, 스스로를 이겨보라 조근조근 타이르고 있다. 바로 지금부터라는 듯 목숨을 다해 불살라 보라는 주문 같다. 현재에 충실하면 모든 것들이 정성껏 보인다고 힘을 준다.

　해거름에 언뜻언뜻 변해가는 노을 빛깔은 나까지 물들이며 떠날 채비한다. 조용한 흐름 앞에 더 숙연해진다. 온 천지가 태양의 산물이듯, 한량없는 손놀림으로 일 마치고 돌아와 낮추고 비우는 시간일 터다. 건너뛰는 일없이 하루를 온전히 불살라

내고 짤막하게 치르는 겸손의 의식절차쯤일까.

　노을을 배경 삼아 서니 얼마 전 친구가 매장에 들어서던 때가 스친다. 배시시 웃으며 나를 향해 걸어온다. 얇은 검정 비닐막 포트에 심겨 시들어 보이는 달랑 큰 잎 두 장 달린 것이다. 잎 곁으로 바짝 마른 두 대의 잘려나간 꽃대 자국, 호접란 분을 불쑥 내민다. 하얀 꽃이 매우 예뻤다며 다소 들뜬 목소리로 집에 가서 다른 분에 옮겨 심어 키워보란다. 떨떠름하게 받아서인지 매장의 구석에 두고는 대엿새 정도를 잊고 지난다. 익숙하지 않은 매장의 센 조명에 목이 탔던지 풀이 죽어가던 터다. 오던 날보다 더 시원치 않아 보인다. 별다른 애착도 없는 건데 버려버릴까 하다 친구의 상기된 모습이 떠올라 생각을 바꾼다. 물을 흠뻑 주고 난 후 퇴근할 시간만을 기다린다.

　매장에 있는 작은 화분들이 몇 년째 우연히 잘 자라준 덕분에 과대평가를 해준 탓일 게다. 요즘은 선물용 화분도 일회용품처럼 겉치장에만 신경을 써서 유통되기도 한다. 그러한 것 중 비닐 포트도 벗기지 않고 어딘가에 포트째로 심겨졌다 빼내서 온 모양새다. 식물에 맞게 화분에서 잘 자랄 수 있도록 배려함이 아쉽다. 임시방편쯤으로 적당히 소용되게끔만 조율하고 유통되는 현실을 보는 것 같다. 집으로 돌아와 옮겨 심으려 포트를 빼고 뿌리 쪽을 살펴보니 싱싱한 새순 두어 개 밀어내려 준비하고 있다. 무심한 일상의 단면을 단박에 들킨 듯 얼굴이 달아오르고 귀까지 화끈거리기 시작한다. 내가 보아온 그 어떤 저녁놀보다도 더 붉어지는 마음 숨겨볼 곳 없다. 그 불경스러움에 덧칠을 해댄다고 없어지기라도 할까 마는 조심스레 심어 창가로 놓아두어 기다린다. 오월의 봄기운을 듬뿍 받아 더 애써주기를 고대해 볼 뿐이다. 하루만큼의 일몰처럼 저 혼자의 힘으로 진초록 잎과 꽃망울까지 준비하고 있을지도 모른다.

어릴 적 내 방의 벽 위쪽에 오랫동안 걸려있던 흑백의 선명한 액자가 있다. 그것에는 소녀가 무릎을 꿇고 앉아 기도하는 위로 먹구름 틈새를 뚫고 거침없이 쏟아내던 빗살무늬의 선명한 그 빛 또렷해진다. 꼭 그 닮은 기도가 맞닿아 빛나는 꽃대도 올려주고 꽃피워 말동무가 되어주길 바라본다. 어느 날 아침 놀래줄 듯이 피워낼 하얀 꽃망울을 이 저녁놀과 함께 바지런히 준비할 것만 같다.

'신비한 것에 대해서는 침묵을 지켜야 한다.'던 어느 철학자의 말이 아니어도, 해안도로의 전망이 좋은 곳이 아니어도, 한 줄기의 노을빛만 새어들어도 고개가 조아려진다.

생명을 다한 것들은 왜 서쪽의 경계로만 향하는 것일까. 친구는 무슨 생각을 하며 노을 앞에 서 있었는지 물음표를 달아 문자를 보내 보지만 대답이 없다.

천천히 달리하는 배경 사이로 석양의 혼불, 일순에 사그라지나 외마디의 변명도 없다. 한 치도 물리려 하지 않는 그 본디 심성을 더 좋아한다. 온전히 비움으로 일관하는 일몰시의 가감 없는 모습에서 자신을 들여다볼 수 있기 때문이다.
　붉게 물드는 것이 어찌 저녁놀만 있을까. 어디쯤 가고 있는지도 모른 채 어설프기만 한 삶이 아다지오로 물들어간다. 풀어놓아 더 신비스런 미소에 희미해가는 마음 자락 가다듬는다.
　하루의 여정을 마치고 돌아가는, 거리낌 없이 쏟아내는 해님의 피눈물 앞에서 나를 찾는다.

단호박라떼

 '건반의 노래'가 시작될 카페에서 마중차를 주문한다.
 정기 연주회 전, 여유 있게 도착한 여백을 누린다. 엄마의 마음 밭의 메마름을 눈치챘는지 큰아이의 손에 끌려 온 자리다.
 탁자 위에 갓 놓인 두 개의 찻잔, 그 안의 미세한 떨림이 수상하다. 단호박라떼의 노란색 거품을 가볍게 젓자 하얀 속살이 기다렸다는 듯 합세한다. 어느새 하나의 이미지로 알은체하는 얼굴 하나 어른거린다. 마주할수록 상기된 모습에 끝 모를 눈웃음까지 보태간다. 누구일까. 단발머리의 또렷한 눈매, 틀림없는 서점언니다.
 작년 봄에 외아들이 사줬다던 언니의 전자건반은 손가락 걸음마가 뒤뚱거리던 놀이터다. 힘이 잔뜩 실린 묵중한 터치는 비수기인 서점의 정적을 깨려함인지 그 질주가 위풍당당하다. 학원 등록도 없이 독학을 자처한 서점의 모퉁이, 뜸한 방문객들의 귀동냥으로 그녀만의 손가락 행진은 결코 수고로움이 아니다. 도전장인 양 활짝 펼쳐놓은 초급 피아노 교본 앞에서 벙글거리던 모습이 선하다.

"사느라 앞만 보며 달려왔어."

뒷말을 아끼려던 어느 날의 그녀이다.

지난 30여 년간, 승승장구하던 시기를 거쳐 막다른 외길의 종점 멀지 않았음일까. 순풍에 돛달던 시류는 바닥을 쳤는지 흐름 앞에 틀어 가야 할 길목은 서점가라고 예외가 없나 보다. 결단의 선택이 무색함인지 낮지 않은 산 앞에 휘청거리는 독대의 시작이다. 나름으로 돌파구를 찾으려 수용하며 접어가는 정리의 더딘 시간이지만 현실에 휘둘리지 않으려 애를 쓴다. 예비된 서성거림을 보듬는 그 속마음, 한 땀씩 꿰고 꿰어간다.

언니는 사람 사는 내음 물씬 풍기는 인심 좋기로 소문난 여주인장이다. 매사에 몸을 사리지 않으며 물 흐르듯 유연함은 아줌마의 전형이다. 그 심지 깊음은 인생을 허투루 쓰지 않으려 알짜 길목 또한 누빌 줄 아는 행복 고수형의 주자다.

아늑한 조명 아래 이야기가 있는 클래식이 운을 떼어간다. 소리 없이 쌓여만 가는 눈처럼 공간을 도탑게 아우르며, 압도해가는 피아니스트이다. 그녀에게선 한파에도 아랑곳없이 눈을 뚫고 피워 올린 복수초의 진한 노랑빛 청초함 자아낸다. 연주할 곡에 대해 귀에 쏙쏙 박히도록 풍부한 모션과 해설 덧붙이고 나서 연주를 시작한다. 손놀림이야 말할 것도 없지만 연주자의 호흡마저 느껴질 가까운 거리다. 맨 앞줄에 자리 잡은 턱도 있지만 피아노는 눈 오는 날의 화롯불인 양 그것을 중심으로 옹기종기 모여든 가족적인 분위기다. 온 시선을 사로잡는다.

언니가 소박하게나마 품었음직한 조각 꿈들이 모여서 그랜드 피아노 앞에 당당히 앉아있는 건 아닐까. 그 바람이 물결인 듯 주인공으로의 당도라는 상상만으로도 공연장이 한가득 화사해진다.

"서점으로 와, 점심 같이 먹자…."

갓 지은 밥을 준비해놓고 반찬은 별거 없다며 경상도 어투의 속정 깊은 언니만의 몸짓엔 늘 따스함이 가득하다. 서점 안 밥상머리의 추억들이 명품 선율에 덧입혀지자 그러데이션 된다. 세상을 향한 연주의 큰 울림에 언니의 진심과 어느새 어우러진다.

엊그제까지 생기 가득하던 언니의 눈가에 드리운 그림자 어른거린다. 휑해진 두 눈에 눈물샘조차 말라 빈 곳간처럼 여겨짐일까. 코앞의 새로운 환경에 젖어들 밑그림 위로 초조함이 실림은 기우겠지. 혹한을 이겨낸 인동꽃의 열매처럼 까맣게 제빛을

발하며 지족할 언니다. 게다가 그녀만의 부지런함은 보너스가 아닌가.

하루같이 정성스레 닦아온 여정, 사라질 일터의 잔상이 빈 찻잔에 고요히 머물고 있다. 찻잔 안에서 웃음 짓던 눈길과 변신한 노랑머리가 세상을 껴안아갈 그녀만의 또 다른 모습 같다. 텃밭을 일구며 숨어 핀 풀꽃들까지 불러내어 명랑 합주단을 꾸려갈 언니를 앞서 만나게 한다.

연주곡 중에 사랑의 꿈, '사랑할 수 있는 한 사랑하라'는 시의 제목에서 따온 곡처럼 일마다 기쁨으로 충만하던 언니의 열정은 아직도 진행형이다. 식을 줄 모르는 그녀의 열정을 봄 마중 길에 나누는 마중차에 비길까.

단호박라떼의 맛처럼 깊고 진한 풍미를 지닌 언니의 새로운 시작을 앞서 마주한다.

바람개비

　시냇물 소리처럼 끊임없이 재잘대는 아기 앞에 엄마만큼 진지한 눈길이 또 있을까.
　샤갈의 작품 〈모성애〉에 눈길이 오래 머문 적이 있다. 아기 엄마가 눈부신 빨강 원피스를 입고 걸터앉아 팔꿈치의 힘으로 벌거숭이 같은 아기를 받치고 있다. 허벅지 위에서 노는 아기를 슬며시 안고 있는 모습이다. 게다가 시선은 허공을 향해 있어 본인의 과거와 현재, 미래까지 넘나들고 있는 표정에 그 까닭모를 꼬리가 부럽기만 하다. 아기를 보듬는 일만큼 환상에 젖어드는 아우라를, 어머니로서보다는 파도타기 같은 자신의 벽 앞의 생 또한 우선시하는 것 같다. 아기의 미래는 바람개비로나 지켜주고 기다려주려는 주관들로 가득 차서일까. 단 한순간도 멈칫거림 없이 자기 생을 밀어 올려 상생의 나래 의연히 펼친다. 서구적 모성을 한가득히 본다. 사랑의 지평이 달라서일까. 자애로운 어머니의 기도는 아이의 마음이 부자이기만을 기원할 뿐 맹목적으로 치닫지 않는 다름을 본다. 소용돌이의 일생을 살아낼 시선이기 보다는 한 송이의 꽃을 피우기 위해 깃들어야 할 것들을 알기에 눈 더욱 동그랗게 치켜뜬다. 자신의 미래와 아이의 행복을 번갈아 셈하는 장면의 순간이다.

그날따라 버스에 승차하는 입구 쪽에서 쇳소리가 요란스럽다. 주인보다 더 녹슨 손수레가 떠밀리듯 버스에 먼저 오르고 있다. 버스 안이 들썩일 만큼 고단함을 감추지 못함이던지 뒤따라 수레 주인이 등장한다. 세월의 더께를 헤아릴 수 없을만큼 짐들의 울림 또한 좀체 희미해지지 않는다. 굳어가는 손가락 끝의 감각이거나 전신을 파스로 도배할 관절들에서 과연 자유로우실까. 할머니의 귀가길 풍경이 습관처럼 버스로 향하는 건 아닌지 모른다. 불편한 심기는 표현하지 않을 뿐 언젠가 좋은 날이 찾아오리란 기대 속에 시련조차 향유하고 있지 싶다.

시간이 지날수록 할머니의 일상이 버거워 보임은 왜일까. 오일장날마다 채소 보따리 채워 등에 지고, 꽉 채운 손수레 끌며 나가 노을을 배경으로 타는 차 안이다. 그 귀가길이 아리다. 큼지막한 플라스틱 바가지를 엎어 진지하게 싼, 감색 보자기 안은 접힌 종이박스들이 빼곡하고 한 귀퉁이의 재활용 비닐봉투 조합까지 저들끼리 귀엣말이 한창이다. 큰 바가지로 갈무리 된 비어있는 것들의 고단함이 물씬하다. 보자기를 늘려 쓰느라 네 모서리마다 덧댄 하얀 비닐 끈들은 하늘타리의 꽃 갈래보다도 가늘다. 내색 없이 야무진 매무새다. 하루 이틀의 솜씨가 아닌 평생 배인 능숙함이다. 저 연세에 무슨 생각을 하며 오가는 길목일까. 내면의 목소리에 귀 기울이며 진심을 다해 푸성귀들과 대화를 하고 가뭄에 씨 뿌리듯 그들을 배웅하고 오는 길목이다.

매 장날마다 긴 기다림 끝의 마수걸이가 될 때의 설렘, 그 날아갈 듯한 기분은 무엇과도 바꿀 수는 없는 즐거움의 시작일 터다. 솔방울보다 까칠한 손끝으로 무성해지는 따스함을 알기에 어디에도 얽매이지 않고 하루를 데우는 귀한 동선 그려진다. 장날마다 이른 새벽과 해거름 경계에서의 달음질, 위태위태하지만 홀로서기의 승리일까. 대체 저 건강함은 어디에서 오는 저력일까. 건강 나이만큼은 지속하는 일로 인해 장날마다 늘 자유인이다.

길가의 조숙한 벚꽃송이들조차 고성을 지르나 보다. 저들도 혹독한 꽃샘추위에 바람막이를 찾는 듯하다. 고르지 못한 날씨

탓에 남들보다 유달리 두터운 스웨터를 겹겹이 챙겨 입은 어르신, 추위를 보듬기 위한 나름의 전략 여실하다. 버스에서 내릴 즈음 보자기 아래서 새우잠 청하던 수레가 투덜대듯 서너 번 구르더니 하차할 입구에서 멈춘다. 필시 기다리던 봄일 텐데 반가움 찾아볼 수 없고 시장을 향할 때의 짐보다 훨씬 줄어든 귀가길 역시 적잖이 짐꾼을 자처한 어머니다. 초췌하여 지쳐있는 듯하지만 체구가 아담해서인지 등이 굽지 않은 것만도 대단해 보인다. 몸 하나 다스리는 일도 어려울 텐데 철칙인 듯 배인 조냥정신*은 잊힌 제주 어머니의 전형을 보는 듯하다. 자신의 건강은 뒷전이라 몸 사리지 않고 제자리를 지켜간다. 연로하신대도 자식에게 폐 끼치지 않으려 노동 중인 게다. 자식을 생각하며 그들을 위한 마음으로 해저까지 누비던 길목 아닐까. 가슴으로 아파해주는 마른 들꽃 같은 존재, 팔순 초입 노모의 몸의 언어를 깊게 듣는다.

　넘어지고 나서 왼쪽 팔목에 금이 가 깁스를 하고 다닌다. 한쪽이 존재하기 위해서는 다른 한쪽도 온전해야만 상생할 수 있다는 것을 뒤늦게 깨닫는다. 고통과 행복 역시 늘 곁인 것처럼 함께 존재하는 것이기에 엇박자의 시련을 감사하게 받아들이기로 한다. 깁스를 간신히 면했던 팔 역시 숟가락 들기도 힘들었 때로 인해 마음 챙김도 흐르는 시간 앞에 늘 지각이다.

그림 감상하는 내내 그림 속 모성애에 뒷걸음질치는 낯빛의 그림자 뒤로 시장 다녀오던 노모의 마음 시리게 다녀간다. 흔들리는 노을을 지고 온 바람개비가 미세하게 떨고 있다.

* 조냥정신: 근검 · 절약정신을 가리키는 제주도 특유의 생활정신이자 제주어이다.

10월의 포인세티아

행복의 절반은 유전자에서 온다던가.

유전자가 행복과 관련된 특징에 영향을 끼친다고 한다. 2월의 초순인데 부지런한 봄이 곁에 와 있다. 한 치의 서성거림도 없이 출연한 봄기운에 질투가 인다.

어느 맹인 가수는 소리로 나무의 속잎 틔우는 봄비를 보고, 미세하게 가라앉는 꽃그늘까지 본다던데….

내게로 오던 날의 위용 온데간데 없는 포인세티아 화분을 옆자리로 옮겨와 마주하니 고마움과 미안함이 교차한다. 배려하는 마음이 가을 따라비 오름만큼이나 충만하던, 고운 성품이 고스란히 녹아있는 화분이기 때문이다.

실한 화분 한 그루에 다섯 주지를 달고 풍성하게 안겨지던 날, 마음 한 조각 부려놓듯 돌아가시던 삼촌의 뒷모습 어른거린다. 서너 살 위의 삼촌이지만 평소에 마음 씀씀이 한겨울의 모피보다도 더 푸근하다.

어느 해 10월 초, 크리스마스와는 무관하게 받은 선물이라 더 잊히질 않는지도 모른다. 온난화의 영향인지 눈치 없는 더위는 떠날 채비도 없이 머무르고 있을 때다. 선물이란 받는 이는 대수롭지 않을지언정 건네는 이는 얼마나 고심한 끝에 선택되어지는 산물이던가. 그러고 보니 받는 것에만 익숙해져 있는 나는 행복 유전자의 결핍 탓인지 예의를 제대로 차렸는지 모른다.

화분을 받아든 순간 크리스마스와는 거리가 있는데 하며 시큰둥한 생각 앞섰던 것은 마음의 때가 잔뜩 끼어있던 탓이었을 게다. 사실 매장의 옷보다도 더 선명하여 눈에 띄는 색이라 주객이 전도되는 것은 아닐까 하는 우려에 두 눈이 그리 휘둥그레졌을까. 건네주는 이의 온도를 감지하기엔 턱없이 부족한 그때의 속좁음에 부끄러워진다.

어느 시인의 말처럼 색깔들은 빛의 상처라더니 그 이상일지도 모른다. 매장의 한 식구로 수문장이 되어주고 오래도록 행복의 불씨로 희망 가꾸도록 마음을 선물한 것이 아니었을까.

포인세티아의 초록 잎은 어둠과 추위를 견뎌내야만 붉은 잎, 고운 화포엽으로 피워낼 수 있다. 그 과정에 빛이 새어들면 붉은 꽃잎에 얼룩이 생기고 만다. 미약한 불빛도 방해가 될 뿐, 철저한 고립과 어둠의 시간이 필수이듯 거듭나야 하는 우리네 인생사와 닮은 점이 많다.

황금비를 갖추고 열정의 기로 무장한 눈부신 붉은 잎 부분은 꽃이고 진초록 부분은 잎이라고 당연시 하고 있을 때다. 한 달 정도 지나자 자잘한 꽃망울이 맺히더니 노랑색을 띠며 터트리기 시작한다. 꽃이라고 믿고 있었던 곳에서 또 꽃을 피워내는 기이한 섭리에 놀라지 않을 수 없다. 자잘한 꽃들이 피기 시작하자 도톰한 입술 닮은 노랑꽃술의 웃는 형상은 돌연변이거나 기형이 아닌가 하는 마음에 남에게 보여주기 싫던 순간이기도 하다. 감추고 싶은 치부라도 된 듯 숨기려다 아찔하게 불거지던 사건도 돌출한다.

매장이 크지 않다보니 놓일 장소도 마뜩하지 않았다. 행거 위에 자리하게 된 화분은 좁은 공간에서 손님이 옷을 입어본 후 그 위로 툭 걸쳐져 있기도 하고, 택배 기사가 박스를 들여오는 과정에 스칠 때도 있다. 얼마 동안은 내가 다치는 것처럼 심기가 편하지 않더니 시간이 흐름에 따라 점차 무뎌진다. 그것은 치일 때마다 신음과 비명의 탄식 오죽이나 보냈을까. 반드시 지켜내고픈 마지막 자존심과 품위 따위에는 안중에도 없는 주인 때문에 곤혹의 시간만을 연장했을 일이다. 마음이 있는 한 신뢰란 것이 분명히 있었을 텐데 소통의 먼 길을 에둘러야 했을까.

  지쳐있는 화분 앞에서 내게 보내진 이유를 되물어 본다. 눈길 제대로 준적이 없는 엽흔들과 날벼락을 맞아 가신, 한 가지의 밑동을 어루만져 본다. 그것에서 저물어가는 한 생을 보며 내 삶의 얕은 순도를 탓해본다. 치이고 멍들고 꺾이기도 하며 버텨온 힘든 시간, 한 주지는 흔적조차 희미하다. 남아있는 네 주지도 마지못해 서 있는 것 같다. 방관자로 일관하던 무관심에 때늦은 속죄를 받아주기나 할까. 신의를 저버린 주인에게 화풀이라도 실컷 해주면 덜 미안하련만, 얼마를 닦아내면 마음이 깨끗해질까. 잃어가는 것조차 모른 채 먼 세상 풍경길만 돌던 내게 선웃음을 보낸다.

  빨강 잎과 초록 잎의 경계로 특별한 서너 장의 잎들이 모여 있다. 초록 바탕에 빨강 세포들, 누군가가 써놓는 육필의 메시지 같다. 그 날선 마음들은 끊임없이 시위 중인가 보다. 문득 강정의 고요하던 구럼비*가 몸살을 겪던 시위 떠오른다. 세상을 향한 목멘 절규, 들은 척 만 척의 끝에 홀로서기의 위기다. 보다 못한 이웃한 파도가 대신 거품 물고 외치며 울어주고 있다. 포인세티아의 형국을 빼닮아 있다. 멀뚱히 잘려나간 가지, 이웃한 외침이 꽤나 컸나 보다. 그 묻어오는 울림에 붉은 점들로 일려 세운 잎들이 한창 시위 중이다.

초록 잎 위의 점들의 일침, 세를 늘리며 번져간다.

* 구럼비: 강정 해안의 해군기지 근처의 큰 바위

3부
골목에 들다

4월, 꽃비

"…. 운동장에서 낙화하는 벚꽃을 보며 불경을 듣고 있다…."
"차가 지날 때마다 나뒹구는 여린 꽃잎들이 힘없는 민중 같다. 이념도 모르면서 좌익에 묶여있던 민중, 4·3.*"

무심히 지나는 4·3을 어쩌지 못하는지 친구의 문자가 당도한다. 비바람이 시작된다는 일기예보로 벚꽃들이 젖어들어 온 데간데없어질까 배웅이라도 나선 길일까. 고등학교에 다니는 딸아이 수업 마치길 기다리며 시간을 때우는 듯도 하지만 벚꽃의 안부에 목이 탄 터다. 벼르고 낸 시간인 만큼 마음이 먼저 당도한 곳이다. 기약 없이 봄이 찾아들 듯 제주의 4·3 또한 거르지 않고 돌아든다. 꽃 대궐에 벙글은 벚꽃들의 웃음소리조차 온전하게 듣지 못함은 왜일까. 꽃그늘 아래서 꽃향기에 취하지 못하고, 주저앉는 꽃비 속 너머 참혹했던 상실의 긴 그림자에 닿아있구나.

약속이라도 해둔 듯 벚꽃 필 시기마다 누군가의 눈길처럼 글썽이며 오는 4·3이다. 심호흡을 하지 않고는, 불경이 없이는, 차마 큰 눈 뜨고 바라볼 자신이 없던지 친구의 눈시울 데우는 통화가 길어진다. 나의 녹슬고 건조한 일상을 흔들어 놓는다. 잎보다 먼저 핀 벚꽃들끼리도 4·3이 화두라면 눈물샘이 일렁인 다. 상기된 마음 숨길 곳 없어 온전히 꽃구름 무리로 바람에 맡긴 가지 끝의 지난한 상처들이 토닥대는 4월이다.

세상에서 가장 작은 신종 벚나무에 꽃이 피었다는 소식을 접한다. 다 자란 벚나무의 키가 오십 센티에 불과하다. 그 키에 안성맞춤인 작은 꽃들은 수술이 유난히도 수북하거니와 꽤나 길다. 여린 가지마다 털이 나 있어 여타 벚나무와 제법 다르다. 자그마한 나무에 걸맞게 꽃의 크기가 작고 소박하지만 풀어놓을 사연이 유달리 많은 안색이다. 처음 보는 꽃인데도 낯설지 않고 누군가를 쏙 빼닮아 그렇한 눈매를 지니고 있음을 본다. 뛰어내릴 수도 없는 삶에 뼛속까지 가난하여 봄에도 털옷까지 걸치고 피운 작은 벚꽃 나무다. 그 나무에 꽃다운 월령리의 할머니가 멎음은 왜일까.

'무명천 할머니'는 마을 사람들이 지어 부르기 시작한 그녀의 또 다른 이름이다. 이천사년 구월 향년 구십 세로 생을 마감한 '진아영' 할머니. 무자년 4·3의 이듬해, 판포리의 집 앞에서 무장대로 오인한 경찰의 총탄에 맞고 턱을 소실한 뒤 목숨만 간신히 건진 그 나이 삼십오 세, 진씨 성 할머니의 민달팽이의 속절없음이 시작이다. 사라진 턱에 옹이가 앉고 실어증까지 나타나 껍데기만으로 살아낸 55년의 모진 세월. 대체 누가 놓은 덫에 무명천을 덧대며 반세기를 살아내야만 했을까. 그 누구에게도 먹는 일이거나 물 한 잔 마시는 일조차 보여줄 수 없어 흐느끼던 속내마냥 월령리의 손때 묻은 그녀와 함께한 세간들도 늘 물음표로 서 있다. 몇 컷짜리로 남긴 생전의 토막 영상들이 아직도 증거물인 양 생생함은 누구보다도 버거운 일상을 자기답게 꾸리려 애쓴 할머니의 견뎌냄이 한 편의 시가 된 탓일까. 어디가 시작이고 끝인지 모를 허기진 생은 무엇을 구가하였을까. 4·3으로 인한 피해의식은 소름으로 도져 집 마당을 나설 때마다 자물쇠로 안과 밖을 채워야만 하는 철칙쯤으로 일관하셨다지. 그녀의 속내는 제주 토박이의 인심을 거둔 지 오래다. 마당 구석의 손바닥 선인장의 부라린 가시마냥 떼어버릴 수도 없던 그날의 기억, 머리부터 발끝까지 곤두선 할머니의 촉각들이 온밤을 불면으로 부추겼을 것이다.

본체만체하던 진실이 녹아드는 날까지 벚꽃은 피고 또 지며 지켜본다. 적어도 제주의 봄, 벚꽃들은 무명천 할머니의 두 손이 머리로만 향하던 뒤안길, 그 헛손질들을 또렷이 기억하고 있다. 셀 수 없이 날아들던 총성, 사라진 턱에서 동강난 파편들이 벚꽃으로, 꽃비로 나부끼고 있는 건 아닌지 모른다. 할머니의 소리 없는 절규의 긴 일상이 공회전한 만큼 주체 없는 꽃비에 친구의 나들이가 깊어만 간다.

고인의 부재중임에도 언제까지일지 부재중일 수 없단다. 전기요금 고지서가 '진아영'의 이름으로 아직도 매달 배달되기 때문이다. 저리도 모질게 놓아드리지 못함은 누구도 대항할 수 없던 날들에 대한 뼈저림의 대가일까. 죽어서도 떠날 수 없는 월령리 마당 안, 죽은 듯이 지내서 더 깊어진 바스락거림이 남아 아직도 쉴 곳 모르고 축축하다.

무명천으로 봉해진 할머니의 초라한 턱, 그 침묵만큼 아린 날들의 잠꼬대가 서성이는 4월, 꽃비 흩날린다.

* 4 · 3: 1947년 3월 1일을 기점으로 하여 1948년 4월 3일 발생한 소요 사태 및 1954년 9월 21일까지 제주도에서 발생한 무력 충돌과 진압 과정에서 주민들이 희생당한 사건.

비자림

하늘을 가려놓은 숲길을 걷는다.

두리번거리며 걷다보니 발아래의 서걱거리는 소리에 시선이 따라간다. 송이로 채워진 길이다. 붉은 길 위로 하얀 토막들 무리, 하나를 집어 드니 작은 뼈다귀 모양새다. 이 숲과 잘 어울리지 않을 것 같은데 널브러져 있다. 높다란 비자 나뭇가지를 올려다보니 대나무처럼 마디가 구분 지어진 것도 아니다. 동물처럼 동작에 쓰일 일도 아닌데 작은 마디들 꽤나 단단하다. 양 끝 부분은 숨구멍인지 필시 무엇과 조응하던 통로쯤으로 여겨진다. 비어 있는 곳은 나름의 이유가 깃들어 그 기운 나들던 터다.

비자나무 숲길로 제법 들어가자 아기단풍나무들이 반긴다.

이 군락지에도 다른 수종들이 공생할 자리를 내어줌에 이들의 너른 품성을 헤아리게 된다. 칠월 햇살의 응원에 초록빛 지붕을 지어 저마다 작은 손 활짝 펴 흔들고 있다. 발목 잡는 초록 손길을 지나칠 수 없어 열심히 셔터를 눌러본다. 뒤에서 오던 어느 선생님이 사진을 찍어달라고 하신다. 대여섯 장 정도를 연거푸 찍어드리고 나니 되레 찍어주신단다. 사진 찍히는 것을 좋아하지 않지만 아기단풍나무 아래서만큼은 무리하게 거부하고 싶지 않다. 서너 번의 찰칵 소리가 크게 들려온다. 사진 찍기 삼매경에 빠진 우리의 모습을 줄곧 쳐다보는 분이 계시다. 내 차례까지 마치고나서 뒤돌아다보게 된다. 길로 나앉은 덩치 큰 비자나무 곁에서 눈길 마주치자 얼른 고개를 돌리신다. 아마도 젊은 시절의 모습이거나 휠체어 이전의 옛 추억을 떠올리며 미소 짓고 있던 눈치다. 잠시 후에 그분의 휠체어 곁으로 젊은 여성이 다가간다. 아마도 모녀지간이 아닐까. 휠체어에 의지하여 이곳에 당도한 이유가 필시 있을 것 같다. 가을에 아기단풍이 옷을 갈아입으면 다시 찾겠다는 약속을 남기며 자리를 뜬다.

앞에 떠난 일행들이 보이길 바라며 걷다보니 사람들이 군집해 있다. 주인공 비자나무의 위용 또한 범상치 않다. 이곳에서 사진 한 장을 건지려 차례들을 기다리고 있는 것이다. 렌즈가 긴 카메라를 든 모습에 필시 출사 나온 일행으로 보인다. 그분들 중에 사진 한 장을 부탁드려 내 스마트폰을 맡기고 나무 곁으로 향한다. 멀뚱히 서 있자니 어쭙잖고 야트막히 큰 가지 길게 뻗은 곳에 양손으로 받드는 궁여지책의 포즈를 취한다. 시선의 부담인 듯 가까스로 찍히는 부자연스런 시간이 흐른다.

한참을 돌아 나오다보니 새천년 비자나무와 마주한다. 이천년 되던 해에 수령이 팔백 살인데 무엇을 생각하며 한 자리를 지켜왔을까. 거대한 숲의 터줏대감이자 신목으로 자리매김 된 지 오래다. 묵중한 지체를 유지하느라 골다공증이나 관절염으로 하얀 밤을 지새우고 있지는 않을까. 볼수록 나이는 그냥 먹는 게 아닌 듯 수령만큼의 역동적인 기운이 느껴진다. 한 지붕 아래 굵은 둥치 사이마다 여러 식물들을 몸소 품으니 한 식구처럼 정겹다. 풍채보다 너른 품새를 보며 이 닮은 어른들이 더 많았으면 해본다. 나이 들어감의 의미를 곱씹게 한다.

비자나무는 단풍들 줄 모르는 오롯함이 있다. 늘 푸름의 수행은 계절조차 잊게 하는 우직함이다. 숲은 터벅터벅 걷는 이들의 날지 못하는 생각들을 어루만져준다. 수령이 꽤 되는 나무마다 인고의 시간이 빚은 풍채에 셀 수 없을 만큼 지샌 여윈 잠결들이 엉거주춤 걸려있다. 조선시대 흉년에는 진상이 과하자, 이웃한 동료 나무가 많이 잘려나가야 했던 생이별의 목도에 짓무른 가슴 쓸어내리던 그들이다. 더욱이 4·3 당시의 수많은 화마의 함성들로부터 이곳이라 자유스러웠을까. 중산간마을의 화마를 지켜보며 조아리던 가슴들, 트라우마로 이들의 자람에 작동함인지 모른다. 무던함은 여겨지는 것일 뿐인지 더디 자라는 키에 귀한 몸값, 못지않은 성정을 헤아린다. 거목의 군락에도 쓰라린 과거와 함께 아직도 덜 아문 상처의 시간들이 제주 역사와 함께 옹이로 앉아있음을 곳곳에서 본다.

　송이길 들어서며 마주친 작은 마디들이 눈에 밟힌다. 웃자랄 수 없는 키에 수시로 자신을 들여다보며 그어놓은 실금들이 뼈마디를 이룬 터다. 성근 잎 사이로 들이는 햇살처럼 세상의 짐 나눠 안을 너른 품새다.

설문대할망제

 설문대할망을 만나는 날이다.
 들뜬 연둣빛 잎사귀들과 온갖 생명들이 술렁대는 곳이다. 돌문화공원의 갖가지 돌 형상들도 주변의 분위기를 탄다. 제주섬 창조의 여신 설문대할망과 그녀의 아들인 오백 장군의 상징탑 앞, 잔디밭에 관객들이 촘촘히 앉아있다. 곧 펼쳐질 무대, 그곳과 가까이 있는 눈망울들이 봄 햇살에 더 빤짝거린다. 멀리서 풍물굿 소리가 들려오기 시작하자 일제히 그쪽으로 향하는 눈빛들이 마치 이날의 주인공 같다. 이들의 눈빛을 모두 모으면 할망의 검은 눈동자 하나 만큼이나 할까.
 외줄을 타듯 꼬리를 잇는 풍물단이 제사 장소로 당도하자 길트기의 굿판에 은빛 날개를 단다. 야생의 에너지 뿜어난다. 흥이 돈은 외국인 관객들도 어깨춤 절로 나고 더러는 박수와 율동으로 어우러진다. 풍물굿패가 설문대할망을 제장으로 모셔놓기까지의 굿판이 질펀하다.

　치마로 흙을 날라다 한라산을 만들고 그 봉우리의 흙을 퍼내던지니 산방산이 만들어졌다는 거신巨神 설문대할망이다. 은하수를 만질 수 있을 만큼 높다는 한라산漢拏山. 이보다 더 고운 이름을 가진 산이 또 있을까. 한라산을 만들 때 나르다 흘린 흙들이 360여 개의 오름으로 탄생이다. 이 외에 갖가지 풍성한 신화들이 전해진다.

　천지에 생기가 가장 왕성한 5월. 잊혀가는 것들과 가려진 것들에 새 옷을 입히며 존재의 빛깔을 더해가는 계절 중의 꽃자리다. 돌챙이가 정의 끝으로 한 땀씩 다듬는 정성처럼 잠자던 것들까지 일으켜 세워 꽃으로 피어날 터다. 먼 기억의 저편 한 구석에 옹송그려 있음직한 것들과 한때 쉬어간 바람도 돌아들어 시간의 보따리를 함께 풀어보려 너울대며 서성인다.

　설문대할망을 모시고 제가 시작된다. 여신의 제이기에 여제관들이 제례를 올린다. 이는 당연할 일인데 한때의 금기를 깬 시도다. 여제들이 입고 있는 갈색의 고전적 의상은 원시의 시원으로 가 닿도록 끈이 되어준다. 거대한 할망의 기운이 사방으로 스멀스멀 느껴진다. 소매부리 걷어 올린 거장이 훅하고 나타나 놀래줄 것 같이 오글거린다. 그런 기운 한가득 너울대는 마당이다.

지극한 모성애가 죽솥으로 투신하고 뒤늦게 안 오백 장군들이 기암 화석으로 박혀있는 영실과 막내아들이 가 있는 차귀도. 제주의 어머니인 한라산을 만든 설문대할망의 상서로운 기가 면면히 흐르기에 척박했던 이곳, 제주 여성의 강인함을 더 키웠는지도 모른다. 곳곳에서 그녀의 손길로 다독인 산물들의 진화를 본다.

여성 사회자는 제관과 집사들이 제례의 경험이 없기에 서두부터 잘 봐달라는 주문을 빼뜨리지 않는다. 첫술에 배 부를까마는 제를 올리는 드문드문 애교로 봐줄만한 상황에도 자상한 상황설명 보태진다. 행사는 제주다움을 지켜가는 전례로써 자리매김이 되어감에 그 의미가 더해진다.

뭇 생명들이 다 분주한 5월, 이곳 한마당으로 돌아들어 슬프고도 아름다운 이야기에 이끌려 빼든 목들 더 길어진다. 의식의 경계에 특별하고도 큰 할망의 그릇만큼의 사랑, 그 뜨거움 가슴마다로 물들인다.

거대여신은 옷이 단 한 벌뿐이었기에 새로 지을 옷, 명주 100동의 소요에 1동이 부족하니, 육지와 다리를 놓아주기로 한 약속 지켜지지 않던 안타까운 사연 전해온다. 이를 마임아티스트의 몸짓 춤으로 이어진다. 천진난만한 표정과 맨발로 부리는 몸짓들의 조응, 날아갈 듯한 유연함이 너울댄다. 백발의 남성 마임아티스트가 발현하는 부드러움에 잠시 푹 빠져본다.

 제사를 지내는 동안 까마귀 한 마리가 제단으로 몇 차례 출몰을 반복한다. 두어 번의 등장에는 부러 연출을 위한 조종인가 하는 물음이 생길 정도로 까마귀의 날갯짓 또한 자연스럽기 그지없다. 그것은 막내아들이 까마귀가 되었다는 또 다른 설화가 있기에 눈치 빠른 막내 까마귀가 끼어들어야 할 때를 놓칠 수 없음인가 보다.

 제례를 마칠 즈음 까마귀보다 큰 이름 모를 하얀 새가 제단 쪽을 에둘러 날아간다. 필시 설문대할망이 근처에서 줄곧 지켜보다 참견하고 싶었는지 연보랏빛 웃음을 흘리며 유유히 지나간다. 딱 한번 보여주고 떠나는 뒷모습에 자유로운 영혼의 큰 품 다시금 헤아리게 된다. 일 년을 기다렸을 날이니 당신이 못다 이룬 일들이랑 후손들에게 잘 부탁한다고 당부 같은 기도하며 떠나는 길목일 터다.

 참석한 도민들과 관광객들도 헌화와 배례를 드릴 순서다. 첫 조에 합류하여 붉은 동백꽃을 헌화하고 여럿이서 절을 올린다. 차례의 마무리로 제단에 바쳐진 꽃과 곡식은 물장오리를 재현한 못으로 가 제관들과 한 줌씩 나눠 가지고

"설문대할망! 제주 곳곳에 풍요를 내려주옵소서!"
라는 주문을 하며 못 속으로 곡식을 뿌리고 붉디붉은 동백꽃도 띄워 보낸다. 새 생명의 잉태와 번성의 염원이 꼭 하늘에 가닿기를 기원한다.

  단체로 참석한 탓에 다음 일정 관계로 제사이자 축제의 장에서 마무리까지 못하는 아쉬움이 크다. 그곳 소장님이 특히 아낀다는 작품 앞에서 사진을 찍고, 물그림자도 부러 챙겨 카메라에 담는다. 나중에 열어보니 물그림자란 온데간데없다. 자취도 없어진 그 일로 내가 한 모든 시간여행들 또한 그러한 게 아닌가 하는 생각 묘연해진다.

  제장 주변에 둘려져있던 노란 금줄처럼 우리들의 삶속으로 다녀가시는 당신, '당신의 향기로 맑은 눈 틔워 주소서.'

  설문대할망이 끄덕일 듯 충만한 오월의 춤사위가 크다.

둥굴레 꽃등

　정류장에 버스가 도착한다. 세찬 비를 피하려 양손으로 손수건 머리에 쓰고 뛴다. 차례를 기다리던 행렬의 후미와 살짝 스치고 만다. 얼핏 큰 키에 구렛나루가 선명한 배낭 진 푸른 눈의 젊은 이방인이다. 'excuse me' 한다. 계면쩍음만 증폭될 뿐 죄송함은 입 안에서 어물어물 헛돌기만 한다. 잘못은 내가 했는데 사과는 상대편이 먼저 해서다.
　석 대의 둥굴레가 밝힌 꽃등들로 눈이 부시다. 우리 집이 다 환해졌다. 초록물이 배어날 만큼 짙어진 잎사귀들을 지탱하는 마디 사이로 저들의 족적이 선하다. 한 촉에서는 큰 식물과 맞닥뜨리자 에움길을 낸 흔적이 역력하다. 초록의 씩씩함으로 무장한 이면의 센스에 탄성이 나오고 꽃대의 유연함이 비로소 보인다. 사람이나 식물이나 공감해주며 양보해주는 곳엔 으스댐이란 찾아볼 수 없다. 배려라는 따뜻함이 자리할 뿐이다. 한때는 유유자적하다 선회한 걸음, 에움길을 낸 터다. 둥굴레가 제 이름 잠시 잊은 채 신호대기 중 마음이 고스란히 녹아든 한 구비가 눈에 밟힌다. 한 대의 꽃대에서 급선회한 곳, 유연한 영혼이 깃든 배려에 불현듯 한 장면이 다가온다.

머리를 숙여야만 볼 수 있는 꽃이 둥굴레이다. 앙다문 하얀 꽃봉오리는 아래쪽을 향해 떨어질 듯 대롱댄다. 초록물의 마술인지 갓 벌어진 입술로 알은체를 함에 시선 붙들린다. 긴 모가지에 단 꽃망울의 설렘 터트리는 길목엔 어떤 상처도 치유해낼 대견함이 묻어온다. 과장이 없는 꽃들은 아래로 떨구어 교만하지도 결코 가볍지도 않지만 유백색의 작은 거장들 같다.

자색의 투명막으로 포장한 싹을 지상으로 밀어내던 순간부터 꾸려가는 외줄 현의 일생이 그려진다. 초록빛으로 내민 세상, 그 본성의 곡예는 포용력의 표상이다. 고개를 쳐든 둥굴레란 세상에 없다. 빈자리를 찾아 촉을 내어갈 뿐이다. 장대비 내리던 날 벽안의 이방인, 그 지존까지 데리고 온다. 비를 피하려 두 손으로 머리를 가린 채 뛰어들다 줄의 끝에 잘 서야겠지만 주변머리 없이 그분과 살짝 스친 시린 생각 한 점 슬며시 끼어든다. 'excuse me' 입 안에서 맴돌기만 하던 그때의 늦은 고백 하나 그분께 되뇐다.

　옆집에 누가 사는지도 모른 채 이웃사촌끼리의 정이 퇴색되어 가는 즈음이다. 층간 소음 문제로 살인까지 불사하며 종종 매스컴을 도배한다. 순간을 세상의 끝인 것처럼 여겨 삶과 죽음이 교차되는 사연 빈번히 접하며 씁쓸함을 감출 수 없다. 인간세계를 비웃듯 통섭하는 둥굴레가 'excuse me'를 더 자연스레 나눈다.

　대롱대롱 달린 긴 종 모양 꽃들이 건반에서 구르는 맑은 소리 숨죽여 듣는다. 굽히고 낮춘 자세로 귀까지 쫑긋 세우게 하는 저들만의 소통방법의 자세를 엿듣는다. 허영이나 허세 없는 녹색 빛 순 키워, 둥글게 휘어진 줄기를 따라가 본다. 가장 낮은 곳 향해 피운, 정갈한 염주의 염원들처럼 총총히 빛난다.

　늘 시원스런 잎의 뒤편에 가려진 꽃, 별 모양의 가장자리에서 반짝이는 심성은 누군가의 당부를 전하러 온 전령사다. 잎겨드랑이 사이마다 연록의 봉오리를 내걸어 어느덧 순백의 사랑을 전파할 심성 전해진다. 꽃에 달린 긴 모가지의 길이가 꽃등의 길이 정도라는 것도 뒤늦게 알아차린다.

　유연함을 품은 둥굴레의 생에 진심을 내어 에움길을 낸 자취는 어떤 향기보다 그윽하며 마치 성인 같다. 어울림의 미덕과 소통은 스스로 아름다운 옹이이기를 자처함이다.

둥굴레 마디의 구간마다 올곧게 여물며 서두름 없이 품어가는 대견함에 한없이 부끄러워진다. 꽃이 지는 모습도 차분하여 투명한 흰 주름 늘려가며 꽃의 뒷자리를 마련한다. 초록빛 잎이 노란빛으로 물들면 모두 내려놓고 한세상을 다녀간다. 뿌리만을 남기고 선한 체온을 나누던 뭇 발자국까지 조용히 지워간다. 그네들의 깔끔한 성품을 대변한다.

　발자국마다 깨달음을 내어 어떠한 문제도 거리 좁혀 끌어안고, 매해 봄마다 새 벗까지 데리고 오는 아량도 잊지 않으니 이보다 부러운 삶이 있을까. 둥굴레가 진정한 지구인처럼 양보를 먼저 실천한다. 세대를 잇는 참 고요의 여정을 저들에게서 배운다.

　'에움길로 걸어라.' 유년시절의 비 오던 날 지름길이라도 물구덩이는 피하고 조심해서 걸으라시던 할머니의 말씀 새롭다.

천지연
– '故 이효순 할머니의 마지막 눈물'

　가막샘이 고소나물 향기로 가득하다. 할머니의 마음을 풀어놓은 듯 흐르는 샘물에 씻어도 씻기지 않는 젖은 향내 알싸하다. 나물의 자투리 잎들이 샘가에서 동동거린다. 채 벗어나지 못한 할머니의 마지막 흘린 눈물처럼 겉돌고 있다.
　햇빛 말간 날 천지연 물가를 따라 걷다 연초록 가지에 눈이 멎는다. 그 가지 위로 괴어놓은 듯한 지푸라기 무리 햇살에 움찔거린다. 여린 잎들 사이로 치렁하게 늘어진 그 갈래들이 서성대다 수런거린다. 흐르는 수면 위로 간신히 키를 넘긴 나뭇가지가 폭풍우에 입수했을 터다. 그 가지 위로 험하게 걸려든듯 정신만은 놓치지 않으려던 할머니의 한때처럼 겹쳐진다. 키가 제법 자란 나무는 물가 위로 솟아 허리를 굽히고 있다. 낙하밖에 모르는 폭포의 물줄기와 맞닥뜨린 폭풍우의 혹독한 시간을 마주한다.

냇가에서 빨래를 하다 뜬금없이 붙잡혀간 소녀적의 할머니다. 무자비한 납치에 일본군 위안부가 되고 만 사연들이 역사 속으로 사라지고 있다. 본인과 그 가족들의 한이 언제면 풀리기나 할까. 몸서리치던 소행들, 어떤 말이나 보상도 턱 없음이다. 지푸라기 묶음을 매달고 선 나무는 그들과 어느새 한 식구가 된 지 오래다. 가지 위로 위안부 생존자의 몇 안 남은 명단, 지푸라기 단 속에 깨알같이 새겨 걸어둔 명부와 다름이 없다. 무참히 당해 씻어낼 수도 없는 응어리는 잊히질 않아 폭포를 향해 하루도 바튼 웅변을 빠뜨리지 않는다. 무디질 않는 아픈 기억은 미풍에도 떨리며 숨 가쁘게 한다.

너른 폭포 주위로 그날의 아픔들이 속수무책인 양 걸려 넋을 놓고 있는 듯하다. 꽃다운 나이에 분노를 먼저 배워버린 길, 마른 눈물이 승화되지 못해 그 닮은 노래가 빛에 바래 맴돌다 걸려있다. 애끓던 가사를 담은 붉은 노래가 숨죽여 옹알인다. 흙탕물에 빠져 허우적거리다 산산조각이 난 마음 한 자락 나뭇가지 위로 깃든다. 망망대해로 이르지 않은 걸 다행이라 해야 할까. 몇 남지 않은 위안부 할머니들의 소녀 적 곱게 땋은 갈래머리를 연상케 한다. 여물지 못한 마음들로 총총히 턱 괸 긴 한숨

소리, 수면 위로 잔물결을 일으킨다. 흔들리는 물결 위 한때의 그림자를 오래도록 응시한다.

눈물조차 포기해버린 헛꽃이다. 일본군 위안부, 장애를 지닌 일본군의 잔악성에 곪은 상처들 대변하고 있다. 아직도 아래로 흘러가는 물은 언제 그랬느냐는 듯 본체만체한다. 속 끓이며 태연한 척 살아온 세월조차 무색하던 어르신들이 하나 둘 떠나고 있다. 그 폭풍 같던 시류에 휩쓸려 떠다니다 걸려든 지푸라기 일생, 잠시도 그분들은 깊은 잠을 청하지 못한다. 남은 힘을 다해 실눈을 치켜뜨려한다. 미처 전하지 못한 마음과 못다 한 얘기를 게슴츠레한 눈으로 대신 말하려 하고 있을 뿐이다.

탈색되어가는 지푸라기 뭉치들을 보며 제자리걸음인 현실의 잔인함을 되짚는다. 모멸감으로 치닫던 회오리 속을 벗어난들 응어리는 눈덩이처럼 커져갈 뿐이다. 지우려할수록 선명해지는 과거는 어떤 것으로도 맞바꿀 수 없다. 각인되어진 쓰린 청춘은 잘못 맞춘 퍼즐처럼 좀체 여유가 없는 조각들이다. 수척해지는 것은 외모뿐만 아니라 길던 한숨조차 점점 옅어지고 짧아지고 있음이다.

오늘도 별 하나가 지고 있다. 그 별 지고나면 어떤 별이 그 자리를 대신할까. 무슨 말을 저리도 하고 싶어서인지 머뭇거린다. 영정 사진의 표정은 더없이 밝아 소박하고 따뜻하기만 한데 안타까움만 웃자란다.

격랑의 흔적처럼 퇴색될 것 같지만 금줄처럼 내걸린 곳이다. 차라리 꾸며낸 이야기라면 좋을 텐데 너른 바다로 쉬 들 수도 없음이다. 떠나면서 흘린 할머니의 마지막 눈물의 의미를 기억한다.

가벼울 수 없는 본향 길의 눈물, 걸림이 없는 마지막 퍼포먼스다.

영화 〈지슬〉을 보다
- '끝나지 않는 세월 2'

'66주년, 추념일이 된 제주 4·3'

그 트라우마는 벚꽃 꽃길에 더 생생함일까. 만개한 벚꽃길 전농로의 꽃비는 4·3 사건 당시의 원혼들의 피눈물인 양 속울음으로 난무한다. 그들의 시위를 지켜보다 전에 본 영화 〈지슬〉이 떠오름일까.

미동도 없는 구름 위의 세상, 오래도록 음향도 없는 채로 화면 가득 보여주며 영화는 느릿하게 시작된다. 감춰진 많은 말줄임을 예감해본다. 반세기를 훌쩍 넘긴 지도 오래인데 그동안 반쯤은 눈을 감고 입을 막은 채로 지내왔음일까.

'해안선 5km 밖인 중산간 지역의 모든 사람을 적으로 간주하고 모두 사살하라'는 초토화 작전의 시작이다.

미군정의 소개령을 듣자 삼삼오오 피난길로 나서는 민초들이다. 그 길에 겪는 혹독한 겨울의 분분한 일상 아닌 일상들이 더 낮출게 없는 듯 처연하다. 소개령을 피하기 위해 이유도 모른 채 깊은 산 동굴 속으로 피신하는 마을 주민들과 그들을 쫓는 토벌군 사이의 긴장감에 서늘해진다. 묻힐 수 없는 빚진 기억들을 일으켜 세운다.

민간인 학살이라는 실화를 바탕으로 만들어진 〈지슬〉은 봉인된 시간만큼 매스컴을 들썩인다. 세계 최고의 독립영화제로 꼽히는 선댄스 영화제 최고상인 '심사위원 대상' 등 수상이력 또한 돋보인다. 오롯이 4·3의 원혼들을 위무하기 위해 제주에서 개봉하게 된 전무후무의 족적은 오래도록 회자될 것이다.

〈지슬〉, 그 배경의 4·3을 담백하게 풀어 나간다.

초반부터 진혼의 의미를 담은 위령제의 흐름을 눈치챌 수 있다. 죽은 자에게는 위로를 산 자에게는 치유가 되도록, 죽은 자와 산 자 모두를 위해 펼친 마당이다. 굿판은 심연 속으로 빠지게 한다. 제주 사람에게 4·3은 아직도 녹슬 줄 모르는 학살의 핏빛 물결, 세포마다의 각인일 터다. 세월이 흘러도 아물지 않는 원혼들의 한을 오롯이 잠재울 길이 없음일까.

호명을 하며 각각 한 사람씩 고이 올려 보내드림으로써 비로소 제사의 예를 마친다.

지슬이란 단어의 안팎으로는 가두어둔 말들이 참 많은 듯하다. 감자의 제주어로 생존만을 위한 한 끼의 전부가 아니다. 4·3의 둘레에 제주 사람들이 춥고 어두운 동굴 속 삶에 목숨보다 더한 끈을 잇게 해준 빼놓을 수 없는 매개체이다. 그것은 희망의 끈이 되어주고 장면 곳곳에서 삶의 돌다리로 함께한다.

혹한 속, 눈벌판 위에서 박상병이 민간인 순덕에게 총을 겨눈, 그 마주친 눈빛에 차마 방아쇠를 당길 수 없음을 본다. 도망을 유도하듯 군인이라고 전부 몰인정하지 않음을 일깨우며 처참함 가운데의 온기를 느껴본다. 그 무거움 속의 반전이야말로 자신을 내던졌을 때나 가능한 항변쯤이 아니던지.

더욱이 제주어가 고스란히 사용된 영화여서 특별함을 더한다.

훈민정음의 발음법이 가장 잘 보전된 제주어, 이 영화에서보다 더한 보고를 만날 수 있을까. 〈지슬〉은 모국어로 하는 말인데도 한글 자막이 필요로 한 사실 또한 괄목할 특징이다. 한국 사람이 한국말을 제대로 알아들을 수 없으니 자막처리로 다가간다. 실제 제주의 젊은 층들도 제주어가 낯선 요즈음이다. 제주의 이야기를 제주어로 다룬 당연함에 자부심이 왜 커질까.

어렸을 적 동네 남학생의 아버지가 폭도, 빨갱이 출신이라며 그 자녀인 아이들에게까지 마구 놀리던 때가 있다. 어느 날부터인지 동네 유행어쯤으로 번지던 일이다. 제주 사람들은 왜 빨갱이로 내몰렸는지도 모른 채 핍박당해야만 했을까. 1948년 겨울로의 시간 여행은 제주인만의 이야기가 아닌 세계사임을 각인시켜준다.

들녘에 납작하게 엎드린 보랏빛 금창초처럼 숨죽여 온 민초들이다. 아직도 탈색될 수 없는 아픈 땅의 끝나지 않은 4·3, 제주의 비극이 한국의 현대사, 세계사의 비극이다.

그 핏빛 물결의 잔상이 처연한 벚꽃비에서 언제면 사라질까.

골목에 들다

차 안에서부터 마음은 벌써 동네 어귀를 향한다.

외출 후 집 앞에서 곧장 출발이다. 미루다가 한 번도 가보지 못한 동네 골목을 따라 어린아이처럼 발걸음을 뗀다. 달려오는 봄을 일찌감치 알아차린 길가 봄까치꽃, 별꽃, 토종 민들레 등 키 작은 풀꽃들 어느새 재재거린다. 응달에도 봄 햇살 스며들어 늦깎이들 기지개 켜느라 움찔댄다. 길가 집들 마당의 물오른 나뭇가지들 울담 넘보려 바쁘기만 한 하루다.

한적한 길로 들어서 걷다보니 길가 귤나무 한 그루, 꽤나 큰 밑둥치인데 심하게 기울어 있다. 설핏 키가 큰 동네 왕할머니의 기역자로 굽은 등허리를 보는듯하다. 다가서자 몰아쉬는 숨소리 마저 거칠다. 찬찬히 살펴보니 집 마당 모퉁이에서 멀찍이

나앉게 된 형상이다. 땅 위로 솟은 헐벗은 뿌리와 기둥만 길 위에 있고, 가파르게 휘어 굵직한 가지며 무성한 잎들은 마당 안으로 간신히 들여놓고 서성거린다. 둥치 따로 마음 따로인데다 크고 작은 옹이로 빼곡하다. 그것들은 첩첩이 쌓여 다 헤아리기도 만만치 않다. 고스란히 내걸린 격랑의 군상, 몸으로 쓰는 전언들이다. 옹이마다 외눈 박힌 사연 하나씩이 걸려 건드리기만 해도 눈물을 쏟아낼 기세다. 힘을 다하여 버티고 있지만 기우뚱거리는 눈치다. 어디에서든 안집을 향해 그 울타리 안으로 초록 지붕을 지어낼 가지며 잎들이다. 자신을 위한 집이라기보다는 옛 주인을 향한 오롯함이다. 쉬이 보면 마당의 안주인 같지만 현실은 녹록지 않다. 슬래브집을 향한 눈과 귀는 가족사에 끼어들지 못하고 좁아진 마당 안을 들여다보는 일조차 끊길까 노심초사다. 격리된 듯 뭉뚝한 외다리로 간신히 버티고 있을 뿐이다. 심지어 울타리의 돌담에 전신의 반 이상을 걸쳐놓아 위기를 모면 중이다. 마치 지팡이를 짚고 가던 왕할머니가 그것에 온 힘을 싣자 지팡이가 주인행세를 하는 격이다.

  어느덧 그늘이 주위로 제법 길어진다. 괜히 조급해지며 몇 발자국 채 옮기기도 전에 잠시 머물던 자리를 몇 번인가 뒤돌아보게 된다. 즐비해지는 그늘보다 커져만 가는 모퉁이의 끝 모를 고행이 밟혀서다. 길 옆 개천에 물이 넘치는 날이면 간간이 눈과 귀를 열어 그간의 고독을 씻어냄일까.

생경한 동네는 눈길을 잡아끄는 것들이 참 많다. 천차만별의 주택들과 높고 낮은 울타리 안의 각양각색의 모양새, 크고 작은 나뭇가지 사이로 여러 텃새들의 갖가지 노래가 풍경으로 다가온다. 간간이 텃밭을 채운 여러 가지 채소들만이 살랑거리는 봄날을 만끽하고 있다. 이것도 잠시 적잖이 머물던 그곳에서 벗어나 걷는 내내 마음이 무겁다. 수령이 된 그 나무가 어느 어르신의 맞닥뜨린 노후인 듯해서다. 맴돌던 생각의 꼬리에 마당 지기로 지내다 내몰린 형상은 불현듯, 잘 지내던 곳에서 집까지 털린 어느 어르신의 고립과 닮아서다. 도시로 떠나 깃들지 않는 자녀들의 소식을 막연히 기다리며 창문 너머로 맞춰진 초점 잃은 표정 또한 어른거린다. 게다가 자신의 치매기가 왔다 갔다 하는 것도 모른 체 말이다. 멀리 있지 않음에도 방치된 어르신의 앞서거니 뒤서거니의 비틀거림만 같다. 한 번 다녀가는 나그네 길의 노후는 산더미 같은 과제를 지고 외줄타기를 통과해야 할 듯하다. 젊어서는 어려운 살림살이 가운데도 오직 자식 걱정만을 염원하던 오롯한 성정 모두 온데간데없고 나아갈 수도 물러설 수도 없는 벼랑 끝 나무의 심사에 다름 아니다. 숙연해진다. 언젠가 한 줌의 노을로 번져갈 생을 떠올린다. 마을 안길을 넓히는 바람에 나앉게 된 처지, 묵묵히 서 있게 해주는 동네 인심을 위로 삼아야 할까.

그림자가 성큼 길어짐을 느낀다. 동네 한 바퀴는 아직도 멀기만 한데 되돌아가야 할 길목이다. 갑자기 나타난 지름길을 놔두고 지나온 길로 되돌아간다. 굽은 허리에 결코 가볍지 않은 머리를 이고 울담에 기대선 그 나무를 한 번 더 만나기 위함이다. 예전 같지 않은 젊은 세대의 부모에 대한 시각을 대변하는 듯해서다. 시대의 단면인 양 하나의 예술로 창작되어진 설치 작품이거나 배경 그림 정도라면 얼마나 좋을까 생각해본다.

돌아가는 길, 먼발치에서부터 굽어있지만 당당한 모습에 평온한 숨고르기가 이어지길 기대하며 나아간다. 발걸음이 한결 가벼워진다. 가까이 가자 어딘가의 소속이길 원하는 외길 시선은 마당 안으로 고정 중이다. 퍼주는 것만으로도 마냥 벅찼던 시간들이 드리워진 현실 앞에 더 이상의 물음표가 필요 없는가 보다. 모태의 근간이 희석되어지는 긴 여운의 목멘 소리에 다시 젖는다. 마당 안 시절에서도 담장 가까이로 난 가지들을 의지 없이 주인에게 양보했듯이 헌신한 세월 또한 지워져서는 안 될 일이다. 서 있는 곳이 쉼터이면 좋으련만 짐일 수밖에 없는 심정일 터다. 과도기의 서글픔을 본다. 또 하루를 빌려 쓰듯 누군가가 낸 길 위에서 수인의 심정으로 눈치만 살피고 있다.

노년병의 어수룩한 전철의 미학이 그리워지는 한때이다. 봄이 그려내는 결코 가볍지 않은 붓질의 믿음처럼 그곳에도 기적이 당도하기를 바라본다. 오월이면 그 귤나무에 새하얀 별들을 마구 걸어놓아 진한 꽃향기로 채워질 동네가 아닌가.

  도래한 현실의 숲을 터벅터벅 걷는다.

4부
놀멍 쉬멍

야고

전생에 무슨 죄목이 깊어 고개를 못 들고 있을까. 꼿꼿한 키 끝에 보랏빛 수줍음 가득하다. 세 든 반지하에 조아린 'ㄱ'자 꽃등, 샛노란 속살 들킬까 노심초사다.

따라비오름을 비껴가며 쫄븐 갑마장길*로 향한다. 걷는 언저리로 사라져간 갑마들의 묵직한 말발굽 소리와 울음소리 들리는 듯하다.

점심 약속을 마치며 계획에 없던 외출이다. 문득 가을이란 한 마디 발단에 나선 행선지, 조각 마음으로나 머물러 뒤척이던 이구동성의 합세다. 딱 이맘쯤 물봉선의 마음을 닮은 일행들이다.

구두를 신은 걸음들이 제법 조심스럽다. 산행의 기본은 복장부터인데 위반사항은 단체 퇴출감이다. 길섶의 이질풀꽃, 오이풀꽃, 참취꽃, 잔대꽃들이 일행의 복장을 비웃듯 저음의 종소리를 울린다. 가을을 접신하러 온 일행의 대화에 끼어든다.

어렵사리 가시천에 이른다. 투영된 하늘과 구름 한 조각 노니는 수면 위로 작은 나뭇잎 한 장 툭 내려앉는다. 한때의 견고한 세상, 아름다운 이별을 목도한다. 빈손으로 와서 빈손으로 돌아가는 경계의 울림일 터, 흔적도 없이 잊힐 한 편의 글처럼 저리 자연스러움일까. 가물던 마음에 물꼬를 만난 듯 일행 모두 솜처럼 젖어든다. 너른 품새의 그늘에 앉아 세상사 화젯거리 틈새로 굽어보던 큰 구실잣밤나무 헛기침이 크다. 막바지의 무더위를 씻고 적당히 목마름을 해갈한다.

목적지를 뒤로하고 돌아가는 길목이다. 오면서 못 보던 것들이 다행인지 눈에 더 띈다. 그냥 지나칠까 무릎을 꿇게 하는 녀석들이다. 낯익어서 더 낯섦은 익히 알던 이름조차 더 이상 불러줄 수 없음이다. 눈길 멎는 그들에게 계면쩍은 눈인사를 보낸다. 입술 밖으로 곧 새어나올 듯한 명칭인데 마냥 하얘진다. 비어지는 기억력의 그늘이 어디까지인지 가늠할 길이 없다. 그 끝 모름에 마뜩찮아 새로운 이름을 붙여주고 혼자 씨익 웃는다.

높아진 쪽빛 하늘에 환절기의 무기력을 말끔히 헹궈내고 싶다. 계절이 깊어가는 대자연에 호흡을 맡겨두니 널브러진 기억 창고에 청소기가 돌아가는 듯하다. 어느 틈새로 여백을 마련해 본다.

길을 따라 마냥 걷다보니 기다려도 기척이 없는 한 사람, 뒤떨어진 이를 위한 신호를 보낸다.

"야-호~."

"야-고~."

멀찍이서 뒤따르는 답이 고스란히 당도한다. 때마침 양옆으로 도열한 억새 무리를 지나며 시낭송을 경청한 터다.

여름날 내 노동은 종 하나 만드는 일/ 보랏빛 울음을 문 종 하나 만드는 일/ 가을날 소리를 참고 향기로나 우는 종/ (오승철 시조 〈야고〉 전문)

야고 시 한 편 나누며 관련된 이야기 오가던 중이라 거리감 없이 오롯이 다다른 이름이다. 못지않은 반향에 서로의 마음 들킨 듯 눈빛보다 잰 웃음소리 걸림이 없다. 낮잠에 든 따라비 오름의 심기를 건드림일까.

뒤늦게 당도한 이는 야고 무리에 넋 놓다 시간 가는 줄 모른 거라 고백한다. 흘려둔 것이라도 주울 요량에 기웃거리다 온

죄밖에 없다는데 몰래 훔쳐보고 온 것처럼 미안해하는 눈치다. 야고라는 단어에 모두가 반색이다. '야고, 야고….' 앞서거니 뒤서거니 어디쯤이더냐고 옥타브를 높인다.

　아쉬움이 커가던 차에 몇 발자국이나 떼었을까. 땅할아버지가 일행의 말에 참견하듯 보랏빛 웃음을 흘림이다. 일가를 이루고 있는 야고의 무리다. 온통 보랏빛 꽃물에 압도된다. 식구도 많은데 세 들어 사는 처지라 한껏 낮춘, 야고의 눈높이로 고정된 시선들이다. 그 빛깔과 자태의 어진 성정에 흠씬 젖는다. 연달아 터트리는 셔터 소리는 말간 들녘에 금을 내듯 가시로 얹힌다. 돌아가는 모두의 발길 아쉽던 차에 한껏 보상받는 심사일까. 이 대목을 놓칠세라 끄트머리에 당도한 그녀는 야고선생으로 불려진다. 꽃방망이 돌림노래, 파도를 꽤나 오래 탄다.

　진분홍빛 그리움을 키우던 실한 물봉선이 한창인 때를 털렸는지 수척하다 못해 넋 놓고 있다. 떼로 선 자리에는 포토존 세례의 발자국 상흔들로 난자하다. 풀릴 대로 풀린 동공에 지진이라도 한방 맞은 듯하다. 한낮의 열기는 실낱같은 생을 거꾸로만 재촉하고 있다. 너나없이 잠시 다녀가는 생, 갈무리를 떠올리게 한다. 적이 몸살을 치른 것들에게 이구동성으로 위무한다. 멋쩍은 용서를 고이 받아들일까. 동행이란 이름의 뒷모습에 바스러지는 후미의 한 자락 풍경이다.

가까스로 가을 풍광에 끼어들어 누군가의 상처만을 부추긴 것은 아닐까. 가을의 공명 탓에 숨죽이며 '향기로나 우는 종' 야고일까, 그 뒷걸음질 치던 함성 뒤늦게 듣는다.

* 쫍븐 갑마장길: 짧은 갑마장길

놀멍 쉬멍

애월읍 하가리는 제주 전통 올레*의 원형이 잘 보존된 곳이다. 이곳을 찾는 발걸음이 설레임으로 가볍다.

마을로 들어서자 시원스런 연화못*이 눈길을 끈다. 가까이 다가가자 연꽃들이 긴 목을 더 빼며 고개를 흔들어 반겨준다. 멀찍이 구름 한 점도 배경으로 다가온다.

연화못을 지나 차를 세운 뒤 리사무소와 노인회관의 사잇길로 향한다. 흙길이던 마을길이 전에 없이 포장되어 나타나자 눈이 번쩍 열린다. 지난번에 왔을 때와는 사뭇 다름에 시간이 꽤나 흘렀음일까. 여유가 있을 때 다시 찾기를 다짐하던 그때 일이 새삼스럽다. 늦었지만 최소한의 편리함을 추구하려는 바람일 터인데, 순간 이곳 주민들이 보호구역이라는 이름 아래

궂은 날의 진창길을 오랜 세월 동안 참고 지내온 것은 아닐까.

조금 더 들어가자 현무암의 야트막한 밭담이 넝쿨식물들의 발돋움에 자리를 내어주고 있다. 그 안으로 초록빛의 콩잎사귀들이 펼치는 하늘거림과 그 어우러짐이 평화스럽다. 삶에 찌든 마음의 때까지 씻어준다. 맑아진 눈으로 이끼 낀 돌담의 구멍 사이사이로 소통하던 바람과 뭇 시간의 자국들도 더듬어 본다.

밭담과 이어져 자연스럽게 굽어진 올레가 먼저 눈에 들어온다. 부드러운 곡선의 풍치가 보는 이에게 정감과 여유로움을 선사한다. 마을 어귀의 올레는 말끔하게 정리되어 있고 흙길의 올레여서 더 정겹다. 예전의 우리 집 올레의 폭신폭신한 그 느낌이 날까 걸음걸이가 더 조심스러워진다. 마당 쪽으로 향하며 선인들의 손때가 묻은 흔적들 찾아 주위를 두리번거린다.

내 유년의 외가댁 올레의 정낭 안쪽이 풍경인 듯 펼쳐진다. 늘 말끔하게 쓸어놓아 흙길에 선명하던 빗자루의 빗살무늬 자국들은 외할아버지의 성품처럼 각인되어 있다. 그곳에서 또렷한 내 발자국의 숫자 늘리기에 신나던 일과 겹쳐 옛 일들이 스친다.

유독 올레가 길었던 우리 집은 어렸을 적 불평의 대상이었다. 성인이 되어서야 동생들과 함께 한 추억거리에 마음은 부자가 된다. 대여해간 카메라를 들고 올렛담*을 배경으로 동생들 키 차례로 세워놓고 찰칵하며 돌아가던 셔터 소리까지 귓가에 맴돈다.

이 마을 올레 너머의 과수원을 바라보다 내 사춘기 시절의 5월, 우리 집 부근 정경이 그려진다. 외출 후 먼 올레로 들어서면 집을 에워싼 과수원의 진한 귤꽃향기에 취해 어지럼증이 심했다. 그 한때의 증상은 머지않아 없어졌고, 되레 긴 올레의 향수에 젖어들곤 한다.

집 올레는 자연을 거스르지 않으면서 집안의 정서가 깃든 길로 아늑함을 우선시한다. 더불어 마당에 널어놓은 곡식과 집안으로 불어오는 세찬 바람, 먼지 등으로부터 보호하려 에두른 모양에서 선인들의 지혜를 엿본다.

올레를 의지하고 서 있는 듯 키 큰 해바라기 꽃도 뜨거운 열기에 따분한지 새우잠에 빠진 눈치다. 올레 너머로 뙤약볕을 즐기는 콩밭에서 김매는 사람인가 유심히 보다 부지런한 농부처럼 앉아있는 허수아비가 가슴으로 와 닿는다.

길가 팽나무가 하늘을 온통 가리고 있다. 수령만큼이나 너른 숲터널을 이루고 묵묵히 버티고 서 있다. 이곳 매미의 거침없는 노랫소리가 더위를 부추기지만 그늘 아래 서자 딴 세상이다.

올레나 잣담*의 경계에는 옹이 박혀 범상치 않은, 신령스런 나무들이 곳곳에서 자리를 지키고 있다. 250년의 수령인 진귤나무와 팽나무 등 하나같이 길가에서나 밭의 경계로 존재하기에 그 생존의 의미를 더한다. 동네 어르신들보다도 더 오래 산

듯한 팽나무가 널찍한 그늘을 만들어놓고 길벗을 기다린다. 믿음직한 그늘과 그 아래로 돗자리까지 깔아두었음에도 나다니는 사람조차 찾아보기 어렵다. 젊은 층의 사람들이 많지 않아서일까 한산함이 강물처럼 흐른다.

이곳 팽나무와 이웃하고 있는 하가리 연자매가 민속자료로 지정되어 잘 보존되고 있다. 선인들 삶의 궤적을 되새기게 한다. 견고하게 지어져 둥근 웃돌과 알돌의 육중한 규모에 놀라며 그 쓰임이 컸음과 시대상을 느껴본다.

긴 잣담을 따라 들어가니 하가리 872번지의 초가집, 제주특별자치도 민속자료로 지정된 곳이다. 제주 전통 양식의 안밖거리가 마주하고 있다. 정낭을 넘고 마당에 들어서면 한눈에 울담과 키 높이를 배려한 물팡* 등이 들어온다. 세월의 켜 못지않게 잘 쌓여진 돌 울타리의 위용에 놀라지 않을 수 없다. 그것은 이웃집이나 밭으로 다니기 위해 멀리 돌아서가는 수고로움 덜기 위해 믿음직한 돌계단, 정교한 조각상 앞에 꽃피운 정신에 옴짝달싹 할 수 없다. 든든한 샛길로 편리함을 추구하던 선인들의 돌 사용처마다의 놀라운 감각에 무릎을 치게 된다. 장독대와 눌눌었던* 자리, 마당의 중심에서 비켜선 통시* 등이 적재적소에서 역할을 다하였음을 본다. 사람이 살고 있지 않지만 집 뒷편으로 풋풋한 양하의 연둣빛 잎사귀가 저 홀로 싱그럽다. 텃밭에 하귤나무가 노란 열매와 진초록의 풋열매 두 세대를 거느리며 의연히 서 있다. 옛것과 새것이 함께 하기에 더 풍성한 일가를 마주하듯 정감이 느껴진다. 아마도 훌륭한 인물들을 배출한 집안여서 동네를 서둘러 떠났는지 모른다. 유독 빈집들이 많기도 한 동네다.

어느 올레의 가장자리로 참깨를 촘촘히 심어놓아 밭이 옮겨진 듯 착각이 든다. 텃밭을 대신하는 주인의 살뜰함을 엿보는 것만으로도 뿌듯해짐은 왜일까. 텃밭과 함께 가꿔가는 일상, 제주의 소박했던 속살을 보는 듯하다. 콩이나 깻잎, 오이, 부추, 가지, 호박넝쿨 등 갖가지 여름 푸성귀가 더위에 아랑곳없이 여물어간다.

내 유년 시절, 할머니와 어머니가 가꾸던 긴 올레가 떠오른다. 유난히 길고도 시원스런 올레 가장자리로 심어진 토란은 제 몫 이상을 한 것 같다. 갓 캐낸 토란으로 어머니가 메밀가루를 풀어놓아 걸쭉하게 끓여낸 토란국 한 사발이 눈앞에 놓인 듯 선하다. 알토란의 속살 입안에서 녹던 감촉과 그맛을 무엇과 비교할까. 너른 마당으로 비가 후두둑 걸어오는 날이면 이유 없이 좋았다. 토란잎은 올레와 마당 사이에서 동생과 내게 우산이 되어주고, 비가 개면 토란잎 속에 갇힌 보석 은구슬은 선물이다. 제법 크던 물방울이 작은 물방울이 되기까지 물방울의 일생을 조율하던 때다. 조심스럽던 손놀림이 삶의 무늬로 웃음 짓게 한다.

어느 빈집, 폐가의 문고리엔 세월의 더께인 양 녹이 슬어있다. 삐걱거릴 듯 버티고 선 문틈 틈으로 배어있던 이야기들이 도란도란 새어나올 법하다. 퇴색된 공간은 시간 여행의 깊이를 더한다. 저마다의 쓰임새로 사명을 다하던 조화로운 공간이 아니던가. 거스를 수 없는 생성과 소멸의 관계 속에 우주의 모든 현상이 저 홀로일 수 없음을 새삼 깨닫는다. 적막한 마당 안에서 비워진 시간만큼을 거슬러 한때를 느껴본다. 떠들썩거리며 뜨겁게 살았던 공간들의 존재는 무언으로 가르치고 있다. 폐가로 버티고 선 세월과 자취들 앞에서 선인들의 숨결에 흠뻑 젖어본다.

고즈넉한 마을의 기운을 받아 출발할 때의 들뜬 마음이 사뭇 차분해진다. 오감으로 느끼는 평화스러움이 이곳의 고요함 속에 태동하는 대지도 찬찬히 살핀다. 쉼 없는 변화의 흐름 속에 이곳만 변하지 않기를 바라서는 안 된다는 생각을 지울 수가 없다. 편리함만을 추구했던들 이렇듯 이방인이 찾을 이유가 없을 터다. 이곳 주민들이 지켜온 면면을 편케 접한다는 사실에 괜스레 마음 한구석 시려온다.

시간조차 더디 지날 것 같은 곳, 잠들었던 기억들까지 일깨워준다. 잃어버린 나를 찾아 시간의 벽을 넘나든다. 그 경계 허물어주는 이 마을이 건네는 따스한 손길 같다. 사라진, 사라져가는 모든 것들에 대한 아쉬움이 깊은 울림으로 자리한다. 척박한 땅에서 돌과 싸우며 생활에 걸림돌이었을 돌들 하나하나, 선인들의 손길을 통해 쓰임을 거듭하며 탄생된 유산들에서 그들의 지혜가 조근조근*한 소리로 다정하다. 물려줘야 할 명분으로 마을 분들의 불편함을 담보하고 있지는 않는지. 상대적인 박탈감으로 인한 소외는 없었는지 모를 일이다.

벽이 없는 좋은 관계 속에 상생할 수 있으면 얼마나 좋을까. 마을 분들이 생활함에 자유롭기를 고대해 본다.

헤아릴 수 없는 발자국이 묻어진 올레를 걷는 동안 세대를 넘나든 초가집, 에두른 돌담으로 이어진 밭담과 울담의 돌계단에 오래 붙들린 시선, 수령을 가늠할 수 없는 나무들, 오래 간직하고픈 정경들이 속살거린다. 긴 올레 끝에서 되돌아오는데

"또 올래?"

하는 그 메아리가 들려오는 것 같다.

메아리가 한적함을 가로지른다.

---

* 놀멍 쉬멍: 놀며 쉬며
* 올레: 거릿길에서 집안으로 이어진 돌담 길
* 연화못: 애월읍 하가리에 있는 연못
* 잣담: 기다랗게 돌을 쌓아 올린 담
* 물팡: 물허벅을 놓는 돌선반을 의미하는 제주도 사투리
* 눌눌다: 노적가리를 쌓아 놓다
* 통시: 화장실
* 조근조근: 차근차근

먼지버섯

 요술쟁이 하나를 데리고 있다. 좋은 벗 하나를 가까이에 둔 것처럼 쏠쏠함이 크다. 집에서 일터로 사흘씩이나 종이컵에 넣어 출퇴근을 함께한 사이이다.
 별 모양인데다 가운데에 동그란 주머니를 달고 있다. 그 주머니의 가운데로 난 입 모양새는 재미난 이야기라도 쏟아놓을 듯, 열창하는 가수 못지않은 자신감으로 흘러넘친다. 잔뜩 힘이 들어간 입가를 보고 있노라면 흉내를 내보게끔 하는 마력도 지니고 있다.
 바닥에 물기가 있을 땐 다리를 모두 세워 오뚝이처럼 일어난다. 그런 날은 고향의 안부가 궁금해지는지 바람을 일으키며 씩씩하게 걸어 나갈 기세이다. 일터에선 종이컵을 야트막히 잘

라 그 바닥에 물을 조금 넣어주면 물기 머금은 다리, 밖으로 훅 내질러 놓을 때도 있다. 서 있을 때의 하반신은 자유롭게 난 톱니 모양인데, 길고 짧은 여덟 개의 불규칙한 별모양의 받침이 다리로 변하여 늠름한 신사 못지않다. 게다가 주머니를 제외하고는 흰색 계통의 가슬가슬한 점박이 무늬 차림은 멋을 부린 의상이다. 습한 정도에 따라 서커스 단원이 되기도 하고 흥겨운 율동으로 즐기고 있는 춤꾼이 되기도 한다. 때로는 비상하리만치 강한 추진력도 엿보인다.

  유연하면서도 가끔은 호방함에 움찔해질 때도 있다. 그 주머니를 살짝 어루만져보면 보드랍기 그지없는데 상황에 따라 변화무쌍한 자태로 변신을 주저하지 않음에 가상스럽다.

  낯선 곳으로 오던 날, 그 촉촉함 정도를 좋아하지 싶어 그에 맞춰주려 애쓰지만 가끔 잊기라도 하는 날이면 습기란 찾아볼 수 없을 때도 있다. 그런 날이면 몸체의 부피를 적게 하려는 심사인지, 주머니 안의 포자를 번식하려는 본능의 발로인지, 주머니를 에워싼 외피 여러 개의 톱니들 서서히 안으로 말려 들어간다. 주머니를 빈틈없이 쥐어짜 포자를 폴폴 날려 보내려 애씀이 역력하다. 최대한 몸을 조그맣게 줄이고 나서야 주머니의 반대편 아래에 자잘하게 난 짧은 수염들 눈에 들어온다. 안으로 오그라든 다리의 바깥쪽은 노거수나 마른 나무의 표피처럼 까칠하지만 보란 듯이 작은 별꽃으로 피어난다. 길지 않은 시간 동안 둥지를 갓 나온 새마냥 살아내려고 발버둥치는 종종거림을 볼 수 있다. 환경에 굴하지 않고 스스로를 다독이며 표출해내는 품성 본받을 만하다. 삶이란 적어도 이렇게 살아내야 하는 것이라고 보여주는 것만 같다. 자연스럽게 변신하기, 살아 움직이는 별꽃의 치열함을 흉내 낼 수 있을까.

오름 등반 중에 숲길가의 약간 비탈진 곳, 흙이 간간이 보이고 듬성듬성 풀도 나있는 틈바구니에서 눈길을 잡아끌던 녀석이다. 자세히 들여다보니 기이하게 땅으로 솟아난 별이다. 편편한 별 모양의 받침대 위로 당당히 한자리를 차지하여 앉은 둥근 주머니는 작은 우주이다. 그 가운데로 하늘을 향해 난 봉긋한 입술이 범상치 않다. 깊은 갈색이 도는 분위기로는 무덤덤해 보이지만 볼수록 신성함도 배어난다. 오도카니 앉아 광택도 없지만 땅에서 돋아난 반짝거리는 별꽃이다.

오월초 모임에 다녀오다 보게 된 밤하늘 초승달 위로 환하게 돋은 별 하나. 그림책 속에서나 보던 달과 별의 향기나는 어울림이다. 유난히 반짝이던 별과 손잡은 듯한 초승달 사이의 살가움을 처음으로 느껴본다. 그날 본 그 별만큼이나 눈부시던 녀석이다. 차를 타고 오면서도 우연이 아닌 듯 곁을 내어준 그 달과 별 사이의 거리, 두 마음을 오가느라 목이 아파오는 줄도 모른다. 꼭 그만한 별이 거기에 내려와 앉아있는 착각이 든다. 일상이 주는 작은 선물쯤으로 가벼이 여겨 그냥 지나치질 못하던 터다. 한 송이를 얼른 집어 들어 동행하던 그 순간이 불거져 온다.

몇 걸음을 채 떼기도 전에 무리로 기다리고 있는 먼지버섯들의 군락이다. 갑자기 별나라로 들어서는 것 같아 설렘이 길어진다. 그중에 고운 것으로 골라 잰걸음으로 앞서간 친구를 쫓아가 내민다. 친구도 먼 나라의 외계의 물체를 보듯 처음 본다며 화들짝 놀라는 기색이다. 별 하나의 생성에서 소멸하기까지의 길고 긴 여정을 헤아려본다.

어떤 이는 혐오대상이라고 나무라기도 하지만 이지적이고 귀엽다. 이 녀석이 어떤 생태를 가장 좋아할지 헷갈릴수록 면목이 없다. 마음의 물기까지 닦아주어야 할 텐데 거리가 먼 환경에 칭얼대고 있을지도 모를 일이다. 꿈에서도 일어나 고향을 향한 마음에 시름만 깊어져 서지도 앉지도 못한 채로 지내는 건 아닌지 모른다. 떠나온 그 숲의 향기와 귀에 익은 새소리들, 뒹굴며 놀던 자리의 감촉까지 그리워하고 있는 지도 모를 일이다. 늘 태연한 척 하지만 간절히 닿고 싶은 속내를 숨겨온 건 아닌지. 우연히 세상으로 보내진 건 아닐 텐데 따지듯 캐묻다, 녀석의 마음에 새까만 딱지가 앉은 건 아닐까. 때때로 삶의 의지가 샘솟듯 왕성하지만 조화를 깨뜨려 낯설게 한 대가를 어찌 씻을까. 마음 한 구석으로 때늦은 죽비소리가 크다.

온갖 열정으로 살아내 가슴 열어 보이던 '젖어 무거운 삶이라면 따라해 보세요.'하며 큰소리라도 치는 것 같다. '문제없어!' 하늘에 가닿을 목청 내지르며 굽힘 없고 잠든 별도 깨울 기세에 대견할 뿐이다.

오름을 갈 기회가 있으면 꼭 제자리로 데려다주고 싶어진다. 자연은 자연에 있을 때라야 가장 자연스러운 것임을 뒤늦게 깨닫는다.

열대야를 함께 나누면서 아직도 흙 냄새 나는 고향을 향한 일념에 선잠 자고 있는 녀석이다.

방황의 그 끝을 꿈꾸고 있다.

억새꽃밭

삶에 여백이 필요할 땐 떠나라 했던가.

높아진 하늘과 선선한 바람이 산굼부리를 찾게 한다. 마음의 여유를 핑계로 미뤄지던 모녀간의 외출이다. 몇 년 전에 들렀을 때와 달리 낯설지만 10월 초순의 억새 빛깔은 여전히 곱다. 일렁이며 코끝으로 와 닿는 억새의 풋향기가 싱그럽다. 높은 지대에서 무르익어 가는 가을 억새의 물결 안에 들자, 진흙탕의 물길조차 다 받아들인 억새못 안에 들앉아 있는 것 같다. 한 줄기 바람에 이는 구름처럼 바람결에 순응하는 억새들의 마음밭을 거닌다.

모든 것에는 저만의 빛깔이 있는 것일까. 어머니는 유독 빨강색 옷을 즐겨 입으신다. 높아진 파란 하늘 밑 동네, 억새의 물결에 빨간 꽃무늬 재킷이 더욱 선명하다. 키 큰 억새를 배경으로 카메라 앞에만 서면 나보다도 더 자연스런 포즈를 취하신다. 마음만은 아직도 청춘인 셈이다. 굽어진 등과 시간이 흐를수록 굼떠지는 걸음걸이에 어머니의 성긴 세월을 보게 된다. 자갈밭 인생길에 멍든 일 등으로 얼마나 큰 섬 이루려는 걸까. 그 짐은 낙타의 등처럼 사막에서 유용하게 쓰일 자양분도 아닐 텐데…. 남김없이 태워버린 어머니의 마음밭을 더디 더듬게 된다. 늘 인기척 없이 다가와 힘이 되어주던 모성, 바다를 썩지 않게 하는 나직한 소금기처럼 가슴속 무언가로 늘 흔들어 깨우던 당신이다.

　함께 사진 한 장을 찍는데도 무슨 발동인지 팔짱낀 팔목에 힘 더 싣는 어머니다. 외로움을 견뎌낸 지친 영혼, 골다공증과 목마름의 사이를 오가던 세월 감지한다. 분명 꽃인데 제대로 평가를 받지 못하던, 가을 들녘에 저 홀로 핀 억새꽃마냥 저평가 되어온 가치주, 어머니다. 그런 면면들이 한날한시에 모여 억새꽃 물결로 함성을 지르고 있는 것은 아닐까 하는 착각이 든다. 모성을 빼닮은 부류들이란 생각에 마냥 애처롭다. 숱한 환경에 꽃으로 서기까지의 순간을 떠올려본다. 한 포기의 초록 잎 싹 틔워낸 생명력의 물결, 존귀한 것들은 값으로 조차 매길 수도 없음이다. 시간 앞에 탈색 되어갈 생, 그 겸허의 시간을 마주함이다. 자연의 스승이 눈앞에 펼쳐져있다.

　새파란 하늘에 구름 모양이 수시로 변하듯 흘러가는 시간 앞에 어머니의 마음 한 번 제대로 챙겨드리지 못함이 이곳에서 더 출렁이는 것일까. 소통과 교감의 부족, 잠겨있어 부상하지 못하던 순간순간들이 꿈틀대며 꼬집는 것 같다. 억새꽃 물결이 풀어놓는 은은한 향기와 더불어 진지한 울림의 공명을 듣는다. 모퉁이에 서 있는 하나까지 혼신을 다해 익어간다. 바람을 타는 율동과 합창 소리에 귀가 더 쏠린다. 인생의 가을을 엿보게 하는 억새꽃 은물결이 10월의 하늘보다 더 청아해 보인다.

　설게 배워온 디카로 동영상을 찍는다. 숲을 이룬 억새무리의 비탈을 내려오며

　"억새야, 좀 흔들어봐라…."

　"여긴 바람의지라서 잘 흔들리지 않는다."

　짧고 굵은 메아리 당도한다. 어머니 앞에선 언제까지나 나이를 헛먹는 철부지의 딸이다. 뭉실한 솜사탕 하나 들고 선 웃자란 어린아이가 된다. 그동안 어머니로부터 빚지지 않은 것이 어디 있을까. 때를 알고 해마다 피워내는 억새의 장관엔 걸림이 없다.

　말로 다 할 수 있으면 그림이 필요 없다더니 억새꽃 세상이 눈을 조금 뜨게 한다. 어려운 가운데도 어머니의 마음 기도로

오늘에 이름을 새삼 느껴본다. 억새꽃호의 진수식에 서로가 내어주는 어깨로 거르지 못한 생각자리 내려놓고 가라는 마음 수행을 주문하는 듯하다. 낮출 줄 알기에 세상의 모든 것을 다 품은 듯 더 여유로워 보이는 산굼부리이다. 추억 속의 솜사탕 하나 꺼내들고 흐뭇해짐은 너른 품이 내어주는 기도일 터다. 비움의 충만을 떠올리며 빈손이 아름다움, 희미해가는 것들을 보듬는다.

때를 알아 피고 지는 억새꽃밭, 과묵한 뒷심에 들다.

바위수국

 흰 꽃등들을 내걸어 놓고 있다.
 첫눈에 번쩍 들어오는 꽃인데 이름이 생각나질 않는다. 5월의 숲 속은 저들만의 속닥거림으로 차서 넘치고 있다. 그들의 마음밭에 발을 들여놓으려다 슬그머니 되돌린다. 흰 꽃들의 줄기는 큰 나무의 등허리를 에워싸며 단단한 뿌리로 안착시켜놓고 있다. 어떤 것들은 나무의 꼭대기까지 올라가 꽃을 피우고도 미안한 기색이 없다. 서로 나눈 약속이 있을 터다. 5·16 도로변의 하얀 꽃들이 속도에 실려 광채로 지나치기 시작한다. 오르막을 지나고부터 차창 밖으로 쏜살같이 지나치는 것들의 아쉬움에 묻어오는 풍경 하나가 있다.
 비 오다 살짝 갠 틈에 집을 나선 적이 있다. 하루가 그냥 저문

다싶어 애월의 한담 근처에서 만난 언덕배기 아래, 담벼락 곁의 작은 물웅덩이다. 들여다보는 이가 주인공이 될 듯 조그마한 타원의 쟁반 같은 호수다. 그곳에 먼저 당도한 조각구름 한 점이 나를 불러 세운다. 정지 화면 같은데도 움직임이 있다.

그도 잠시, 해 질 녘이라 허공의 구름떼들도 마음이 급해지는지 어딘가로 향하고 있다. 정해둔 곳이 있기라도 한 것처럼 그들의 걸음 매무새에 속도가 더해진다. 그곳 웅덩이를 지나는 모든 것들은 그 거울 앞으로 들어서면 차분해지는지, 속마음까지 추스르고 나서 먼 길을 떠난다. 웅크려 앉아서 보다가 다음 장면을 미리 볼 요량으로 머리를 이쪽저쪽으로 기울이며 땅에 닿을 만큼 조아리게 된다. 어느새 디카가 나를 대신해 초점을 맞춰주고 몇 컷을 연속 담고 있다. 연대하고 있으나 구름떼의 자유분방하리만큼 낯빛들도 제각각이다. 더러는 목청껏 시를 읊조리고 있다. 사유가 가볍지 않음을 채 헤아리기도 전에 그곳을 뜬다. 그 언저리로 서성거린다. 어느새 근처의 건물 한 채도 수면 가로 기울자 구름 나그네들 멋을 부리며 배경으로 다가온다. 금빛으로 푹 젖었거나 가장자리로만 금테를 두르고 있거나 또는 온전한 먹구름도 오붓하게 그 안으로 스며든다. 소리 없는 시간도 내려앉고 있다.

참 오랫동안 붙들림이다. 집에 돌아와 디카를 열어보니 불과 몇 분여간의 틈새란 걸 유추해낸다. 누군가의 마음을 훔쳐본 듯 한참 동안 가슴이 쿵쾅거리던 눈에 익은 자리다. 자신의 삶을 더 적극적으로 사랑하라는 예시임일까.

권태로운 발걸음을 알아차린 하늘이 허리를 낮추게 하며 보여준 빗물 웅덩이다. 그곳을 가로지르던 갖가지 구름 조각들의 저물녘 여정과의 만남일 터다. 흐린 날에 흐린 일만 있지 않음을, 지금 더 행복해지기란 메시지를 자잘하게 이는 물주름 위로 띄워놓고 간 것이다. 일몰 직전 커튼 사이의 비밀스러운 빛의 연기에 구름조각들은 매순간을 축제처럼, 새싹 하나씩을 틔울 만큼의 에너지를 보내고 있다. 작은 공간 안의 동영상은 장면마다 그 존재의 이유에 끄덕거리게 되고, 더러는 소리까지 얹은 듯 함박웃음의 입 모양새 연출에는 나직이 따라 웃게 한다. 의미를 달고선 꽃들의 순간처럼 진지한 거동들과의 색다른 악수, 작은 웅덩이 안에서의 꿈틀거림과 그 속도감의 영상에 어느새 흠씬 젖는다.

삽시에 짙어지는 해거름의 배경색에 화들짝 놀라게 된다. 둥글지 못한 마음에 꾹 다물린 입술도 따라 움직이던 한때다. 유턴할 수 없는 인생길에 적극적인 모드로 맞춰있기를 귀띔한다. 하루를 마감하여 가는 비 날씨의 끝자락, 구름 낀 날 해넘이의 변화무쌍한 연출을 어찌 다 아로새길까. 온종일 다녀간 자취마다 따라온 사연까지 묵묵히 껴안아주던 야트막한 웅덩이의 가슴은 어떤 빛깔로 변해있을까. 내면까지 들여다보게 하는 마음자리 오래 머물던 곳이다. 지나는 누군가의 지친 마음에 투명한 반창고를 붙여주려 기다리고 있던 건 아니었을까.

산길의 도로를 내지르듯 지나친다. 흰 꽃무리에서 그 어느 저물녘 경계의 잔영이 드래그 되고 있다. 리듬을 타며 연대하는 자연은 아름다움을 곳곳에 숨겨두고 있다. 바위수국은 멀리서 보면 하얀 나비가 앉아있듯, 몇몇 꽃잎만 드문드문 피어서 아직 다 피우지 않은 것으로 오인하기 쉬운 꽃이다. 자세히 볼수록 특별함이 더 많은 꽃인데 그 헛꽃들은 학의 고고한 자태와 표정까지 깃든 동작을 취하고 있다. 헛꽃의 안쪽으로 바퀴살처럼 쭉쭉 내뻗친 자잘한 참꽃들은 제 목소리를 내며 달콤한 향기까지 쉼 없이 내보낸다. 그늘진 숲을 환히 밝혀주고 있는 바위수국은 중성화의 슬픈 사명까지 체득하여야 제맛이다.

온 마음을 다해서 쏟아낼 때라야만 제 빛으로 존재할 수 있음을 바위수국에게 배운다.

제주 올레

제주의 길에 올레가 아닌 곳이 어디 있을까.

휴일 아침, 하귀에서 서쪽 해안 올레를 향한다. 밤사이에 내린 비로 훌쩍 자란 투명한 초록빛들이 벗이 되어준다. 자동차로 다니던 길을 낯설게, 느리게 걷는다. 하귀초등학교 못미처 눈길을 끄는 처마 밑이다. 시멘트를 뚫은 토종 민들레의 솜사탕 웃음에 눈을 맞춘다. 서로의 눈빛을 살펴주고 확인하는 일보다 더 큰 기쁨은 없다. 그 곁 울타리 없는 학교의 연못엔 거북이들의 숨바꼭질에 물풀들이 더 바쁘다.

일주도로를 벗어난다. 올레 16코스의 시작인 고내포구, 남두연대, 구엄포구, 수산봉, 수산저수지, 항파두리, 광령1리로 이어지는 팀들과 교차할 수가 있다.

돌담을 의지한 풀잎에 맺힌 이슬들이 발목으로 젖어들며 함께 걷는다. 막바지에 든 풀벌레들의 목청도 뜨겁다. 이들만큼 행복한 노래를 거침없이 불러낼 이 또 있을까. 오감으로 느끼는 자연에 몸과 마음이 홀씨처럼 가벼워간다.

필시 마당에서 길가로 내몰린 과실나무들이 실한 열매를 달고도 고개를 숙이고 있다. 잘 익은 무화과와 입안에 군침을 돌게 하는 실한 포도송이가 도로로 편입되어 서로의 신세를 위로하며 서 있다. 흠뻑 젖었던 빈 밭에서 실려 오는 흙냄새가 향긋하다.

길가 흙탕물 안에 하늘이 내려앉아 있다. 설핏 구름 한 점도 제 얼굴 비춰보고 지나간다. 우주까지 담아내는 그곳에 내 얼굴만 무심한 것일까. 가문동 포구를 돌아 나오자 추석을 앞둬 벌초하는 모습들이 정겹다. 산소 주위로 벌초하고 있는 자손들의 수만큼 무덤의 주인은 행복해질까. 잘 사는 일과 잘 죽는 일, 하루하루 잘 살아내는 일의 의미를 잠시 더듬는다.

초계미술관을 지나자 어느새 시야가 탁 트인다. 바다 물빛이 밤 사이에 내린 큰 비로 경계를 지어 등을 돌려 앉아있다. 끼어든 황톳물이 쉬 섞이지 못해 서성거리는 길목이다. 산과 오름에서 출발하며 꿈꿔오던 빗방울들의 로망, 모든 것을 단숨에 품어줄 것만 같던 바다이다. 녹아듦에도 시간이 필요한가 보다. 경건한 의식의 순간을 치르고 있다. 한 생각을 돌이키면 허물 수 있는 일, 마음 한 자락을 내어주는 일 또한 쉬우면서도 어려워 보인다. 자연도 우리네 일상과 닮아있음을 본다. 몸 사릴 줄 모르는 물고기만이 황톳물에도 아랑곳 않고 뛰어올랐다 잠수하며 썰렁한 분위기를 환기시킨다.

가까이로 다가온 고내봉도 외로움은 씻을 수 없나 보다.

발아래의 탁 트인 바다를 배경으로 선 남두연대를 지난다. 구엄리 바당 올레로 들어서니 모자이크 된 돌염전이 한눈에 들어온다. 주변의 갯바위마다 강태공들은 낚시 삼매경이다. 흙 한 줌 없는 너럭바위에 방풍과 강아지풀, 큰 바위들의 표정이 사뭇 진지하기만 하다. 초록생명들은 키를 낮추며 자리를 지키고 있다. 층층이 쌓인 세월의 흔적에도 모자라 진화 중인, 신이 부려놓은 손길들에 시간 가는 줄 모른다. 크고 작은 바위들조차 모두 무언가 되려고 애씀이 역력하다. 절경 앞에선 두 눈만 바빠지는 게 아니다.

하늘과 맞닿은 바다의 수평선 끝점을 보다 문득 어렸을 적 시골로 가는 만원 버스에서 놓쳐버린 빨강색 새 머플러가 보이는 듯하다. 장엄한 자연 앞에 서고 보니 무엇이든 흘러들었음 직하다는 생각에 이른다. 차창 밖으로 야속하게 풀려 날아가 버린, 빨간 망사목도리의 팔랑거림이 유독 이곳에서 맴돌까. 어린 시절 녹슬 법한 기억 창고에서 미끄럼을 탄다.

올레코스임을 알리는 주황과 파란색 리본이 반갑다. 막대 봉의 끝에선 춤사위가 바람을 가른다. 더러는 바윗돌의 구멍 난 곳에 고정시켜 두었고, 붙박이 돌에다 물결 화살 표시(파란색 화살표는 정방향, 주황색은 역방향을 의미)로 그려둔 곳도 눈에 띈다. 초행길의 나그네에게 든직한 나침판이 되어줄 것이다.

쳇바퀴 속 일상을 벗어나온 터이다. 비로소 흘러든 자연의 품안에서 마음이 안온해지니 자신을 보듬게 된다. 한적한 곳일수록 진정한 밑바닥까지의 자신을 만나게 된다. 호젓함을 즐기며 마음에 쉼표들을 늘려간다.

외지인들이 더 제주 올레를 열광하며 찾아든다. 수도 없이 생각하고 짠 계획을 꾸려서 찾아온 올레걷기일 것이다. 폭염 속에서도 소금범벅이 되기를 자처하고 즐기며 추억 쌓기를 하고 가는 그들이다. 때 묻지 않은 올레를 걸으며 수려한 자연의 몸짓과 소리, 시간조차 그들의 에너지로 차곡차곡 쌓여 갈 것이다. 늘 가까이에 자리하기에 천천히 자라는 시선 밖 웅변에 귀담지 않음이다. 아름다운 속살의 진가를 스쳐가듯 지내온 것은 아닌지 반문해 본다.

신엄 마을을 향한다. 깎아지른 절벽 올레를 오르려는데, 길가 초지에선 까치가 말의 등에서 노닌다. 까치가 종종걸으며 놀고 있는데도 모른 척 다 받아주며 풀을 뜯고 있다. 마음을 나누는데 한 치의 망설임도 없다. 사람보다도 더 넓은 가슴을 지니고 있다. 저 혼자 살 수 있는 곳은 어디에도 없음을 본다. 간세다리가 되어 걷는 길엔 볼거리도 풍성하다.

바다를 지키던 너럭바위 곁으로 새가 날아든다. 파란빛 긴 부리의 작은 새가 물속을 넘나든다. 영혼이 자유로운 행보가 마냥 부럽기만 하다. 일상에서 벗어났지만 아직도 무늬만 자유인인가. 저 새처럼, 빈 배와 같이 자유로워 보리라.

가끔 자동차로 지나던 곳이지만 이방인처럼 자연과 호흡하며 걷다보니 또 다른 면모를 보게 된다. 낯익은 풍경 속의 또 다른 낯선 속살들이다.

묵묵히 제몫을 다하고 선 빨간 등대와 흰 등대의 마음을 헤아려 본다. 호젓한 해안숲길로 들어서니 나뭇잎 은물결이 일렁이기 시작한다. 그들이 쏟아놓는 말들을 주워들으니 동심이 꿈틀거린다.

고내를 지나 애월로 들어선다. 얼기설기한 돌담 위에 좌정한, 시름을 견딘 늙은 호박이 길손을 맞는다. 밭담 안으로 취나물 밭에 있는 스프링클러가 모처럼의 휴식을 즐기고 있다. 그도 간세다리처럼 나를 살핀다. 한 팔을 베고 누워 반쯤 뜬 눈으로 쳐다보는 듯하다.

제주 올레 걷기는 언제, 어느 부분을 떼어서 걸어도 좋다. 올레마다 색다른 분위기와 독특한 색깔이 듬뿍 배어있기 때문이다. 정해진 올레 코스의 완주도 좋지만, 어디든 천천히 걸으며 자연과 하나되는 만큼 어깨동무가 길어진다.

올레꾼들을 위하여 해안 접경으로 새로운 길이 나있다. 웃자란 잡풀들을 갓 베어내 아름다운 길을 내어준다. 향긋한 풀내음 가득 남아있는 공간, 수고해준 따스한 손길들이 고맙다.

반대편에서 다가오던 젊은 올레꾼이 인사를 해온다. 올레의 진정한 주인답다. 혼자이거나 삼삼오오이거나 올레꾼들을 마주치다보면 슬며시 도민이란 자부심도 부추긴다.

갯바위의 한해살이풀들조차 매무새를 가다듬고 있다. 노르스름하게 먼저와 앉은 가을로 일렁이던 여름이 차분해지고 있다. 약방의 감초마냥 끼어들던 풀벌레의 긴 노래가 뜻 되어 내려앉는다.

자동차로 지날 때엔 볼 수 없던, 속도를 놓아버린 걷기에는 바다를 향해 까치발을 한 잔가지들의 마음까지 읽어낼 수 있다. 바닷가 돌기둥에 빚어놓은 장엄한 조각상에 무릎을 친다. 소나무의 초록빛 머리카락을 이고, 지그시 눈을 감고 기댄 석상이다. 미소 가득한 큰 바위 얼굴은 신뢰 가득하고 감정 풍부한 표정에 넋을 잃는다. 한갓 큰 바윗덩이 군으로 지나칠 곳에 기묘한 것들의 숨소리를 듣는다. 올레꾼들이 줄을 지어가면서 그 꼬리만을 쫓으며 지나는 것 같다. '이쪽도 찬찬히 살피고 가면 좋을 텐데…' 속살 함께 나누고 싶어진다. 스토리텔링 필요한 지점이다.

신엄 도대불이 복원돼있다. 이것은 어부가 밤중에 고기를 잡고 포구로 돌아올 때 해안 쪽에 불을 밝혀 안전하게 하기 위함이다. 선조들의 지혜를 엿볼 수 있는 옛 등대인 도대불과 빨간 등대가 지척에 있다. 도대불 곁의 해녀상 위에 걸쳐둔 티셔츠는 땡볕을 가려주려 누군가가 배려하고 간 것일까. 해녀상이 은근히 부럽다.

해안가의 텃밭만한 곳, 허리춤보다 커버린 잡초를 막 뽑기 시작한 백발의 할머니다. 무엇을 더 일구려는 걸까. 무늬로만 움직인다.

애월 한담 입구로 들어서자 자전거 여행을 하는 올레꾼이 지나쳐간다. 또 다른 팀도 그렇듯 지나친다. 올레길로 표시되지 않아서이다. 놀멍 걸으멍, 찬찬히 둘러볼수록 진솔함을 만날 수 있다. 귀한 것일수록 보잘 곳 없는 곳에 숨어있기 때문이다.

여정의 끝자락 한담, 끝없는 바다를 향해 눈을 감고 귀만 열어둔다. 잠시 후면 하루를 마감할 한담이다. 세상의 모든 경계 지우며 흉허물 끌어안아 품을 곳이다.

사는 일이 만만치만은 않는 세상, 올레를 걸으며 마음에 올레 길 하나 새로이 낸다.

음성공양

사찰에서 성지순례 가는 길이다.

그 길목에 도외의 음성공양은 처음이다. 비 오는 궂은 날씨 속 대구 공항을 향한다.

약속한 시간에 맞춰 기다리다 맞아주신다. 해갈해주는 비와 함께 와줘 더 고맙다는 그곳 관계자분들의 말씀이다. 기다려준 만큼 기대에 어긋나지 않는 만남이길 은근히 바라본다.

장애를 가진 분들이 계신 곳이다. 그런 분들을 맡겨놓고 떠나는 가족들의 발길 좀 편해지라는 듯 '~빌'이다. 어느 마을 한편, 일반 건물 명칭의 인상을 준다. 그 안에 수용된 분들의 마음도 그와 같은 생각일까.

무대에 서자 줄지어 입장하는 이곳 가족들의 모습이 들어온다. 몇 백 명이 함께 시설을 이용하고 있다. 남성 여성 구분지어 질서를 지키며 두 부류로 자리한다. 합창 시작이 되자 울컥하는 마음 조율하는데 꽤나 시간이 걸린다. 어느 무대의 공연보다 뭉클해짐은 심해를 건드림이다. 마음을 나누고자 찾은 그곳, 소외 된 곳의 정서를 한껏 느끼며 무대를 내려선다.

장애를 가진 많은 분들, 알고 보면 장애 없는 사람이 어디 있을까. 정신보건요양시설, 신체보다 마음이 더 아픈 그들이다. 우리보다 보이지 않는 세계를 더 깊이 누비며 그들만의 눈으로 세상을 해석할 것이다. 견고한 벽 안에 갇혀 바깥세상으로 나가 볼 수도 없는 처지다. 철통 수비 뚫을 수도 없는 차단된 또 다른 세계쯤이다. 조금 더 헤아리거나 또 다른 각도에서 바라볼 수 있다면 시설 안의 사람들이 저리 많을 수 있을까. 외딴 섬, 높다란 벽 하나를 사이에 두고 금간 유리조각처럼 서 있는 모습들 지워지지 않는다. 뒷짐 진 사회의 한 단면을 보는 듯하다.

상처가 꽃이라던가. 그것은 사람 사이에서 정신적 비타민, 뒷심이 따라줄 때라야 가능한 셈이다. 높지 않는 벽이 물처럼 경계 없이 흐르는 곳이길, 소통과 따뜻함이 머물기를 희망해 본다. 어디에서든 벽이나 울타리는 낮을수록 더 따뜻해질 터다.

이번 걸음으로 삶을 보는 시력이 좀 넓어지는 것 같다. 길지 않은 음성공양의 시간은 오히려 많은 걸 배우고 생각하게 한다. 그들로부터 더러는 표현의 과잉, 자포자기의 눈빛들까지 읽는다. 생의 계절을 가늠할 수 없는 듯한 인상 속, 딜레마에 빠진다.

 잠시나마 그분들과 호흡을 같이하는 동안 환호해주시는 분들의 표정이 되어보기도 하고, 초지일관 무표정한 분들로부터는 그 마음의 깊이도 잠시 헤아리게 된다. 우리 일행은 시간을 함께 나눈다며 온전한 소통, 제대로 해낸 셈일까. 길고도 먼, 시간의 강을 건너는 분들을 모시고 잠시 동안이나마 그 마음자리 바꿔본 귀한 시간이다.

 가족을 벗어난다고 가족사 둘레의 페이지를 떠날 수 있을까. 과거 어느 지점의 시간쯤을 그리며 희미해지는 끈을 놓칠세라 노심초사하는 그들이 아닐까. 못다 한 가족애, 그리움을 되뇌고 있을 터다. 대숲에 이는 서걱거리는 소리들을 거두며 지친 하루 추스르고, 날마다 안부를 묻는 기원은 어디로 가 닿을까. 그 바람들이 산처럼 쌓이다 비로 오는 길목인지 모른다. 하루를 깁는 끈끈한 시간, 소원 한 자락씩은 모두 품고 있을 터다. 가슴 속으로 흐르는 생각 한 조각에 마른 날에도 늘 비에 젖는 그들이다.

 그들의 가물가물한 걱정들, 엉거주춤해지는 생각들이 뽀송하게 말려질까. 서 있는 곳이 어디쯤인지 몰라도 세월은 흐른다. 숨 가쁜 언저리 너머 아득히 고이는 시간이 아리다. 저 혼자만의 사랑법에 갇힌, 속수무책으로 흐르는 속눈물을 보듯 울컥거린다. 덜 수 없는 슬픔, 셀 수 없는 초점들로 가득한 몸짓 이야기에 누구도 귀 기울이는 것 같지 않다. 엉터리의 끈이라도 부여잡고 싶은 군중 속 외로움이 묻어온다. 수심 깊어가는 누군가의 저무는 가을의 뒷자락을 다녀온 것만 같다.

갖가지의 단풍 빛깔 닮은 마음들에도 고요한 저녁이 깃든다. 낯익은 골목길 수시로 드나들던 생각의 자취도 사위어간다. 그리운 가족들 떠올리고 색동저고리 입던 추억 번갈아가다 유난히 높아만 가는 기슭이다. 흐릿한 풍경들은 속으로 붙잡으려 할수록 더 희미해진다. 엷어진 온기들이 팔짱을 끼고 있다. 그리움을 삼키는 그들, 가슴이 더 아픈 사람들, 시름과 고독의 긴 그림자에 목 놓아 부르는 소리 안으로 거둔다. 회복이 어려움일까 수없이 담금질하는 마음들, 어느 편으로도 깃들지 못함이다. 풍랑에 맡긴 심해의 작은 돛단배를 보는 듯하다.

단원 중의 친정아버지께서 이곳에 오랫동안 머문 인연으로 당도한 곳이다. 메르스 여파로 뚝 끊긴 봉사단체의 발길, 귀한 걸음이라 귀띔하던 터다. 그곳을 향하던 사명 띤 발걸음이 핼쑥해지는 생각들로 시리다. 다음 행선지를 향한다.

여러모로 온전한 하나됨, 어려움을 몸소 느끼는 계기다. 성지순례 겸 음성공양은 시공을 초월한 아름다운 걸음마이다. 배우고 가는 것이 더 많다.

귀뚜리 소곡

 귀뚜라미도 가을앓이를 하나 보다. 그들의 음악회가 하늘에 닿을 듯 애절하기만 하다.
 퇴근길에 언니를 만나기 위해 기다리는 동안 공터의 풀벌레들 소리에 시간 가는 줄 모른다. 주변은 갖가지 소리들에 얽혀 있지만 귀뚜리의 명징한 화음을 가까이하기는 실로 오랫만이다. 어느새 솔리스트의 연주를 향해 살금살금 발걸음 옮겨지고 있다. 진원지의 부근을 어림짐작으로 찾아 조심스레 앉으니, 주인공은 되레 꼭꼭 숨어버린다. 그 부근으로 보석보다 빛나는 이슬방울이 풀잎마다 총총하다. 원초의 메시지를 담은 보석들은 우주와 소통하는 듯하고, 정감 어린 선율은 때묻은 정신과 귓속까지 말끔히 씻어주는 듯하다. 밖으로 나온 언니와 담소를 나누면서도 그들의 자연스런 합주를 놓치지 않으려 귀를 세운다.

늦은 귀가 후 잠자리에 드니 열린 창문으로 간질이는 미풍이 살갑고, 귀에 익은 소리들이 선율을 탄다. '찾아가는 연주회'라도 된 듯 조금 전에 감상하고 온, 그 악단의 단원들이 무대만을 바꿔 놓은 게 아닌가 하는 착각이 든다. 내가 사는 뒤쪽으로 반듯한 밭이 하나 있고, 그 모퉁이 쪽으로 큰 멀구슬나무 두 그루가 동네를 지키고 있다. 그 밭에는 누렇게 익어가는 콩이 한가득히 수확을 앞둔 터다. 변두리의 고요한 달빛 아래 펼쳐진 특설 무대의 연주회, 자세히 들을수록 각각의 음색과 표현 방법에 개성이 넘친다. 각각의 독주자들은 자신의 존재 알리기에 여념이 없다.

창밖 화음에 뜬눈으로 깊어 가는 밤, 여러 상념들이 스친다. 지난 번 음악회에 다녀오던 날이 떠오른다. 친구가 어렵사리 구해준 표로 큰아이와 동행이다. 바쁜 일상속 문화 나들이 셈이다. 가을 분위기에 딱 어울리는 피아노 연주회, 옆 좌석에 앉은 큰아이도 잠들던 감성까지 일깨우는지 손바닥이 퉁퉁 부을 만큼 앵콜을 외치며 기립 박수를 쳐댄다. 크게 만족하는 눈치다.

음악회가 끝나고 간단히 식사를 하러 음식점으로 들어갔다. 아이들은 각자 메뉴를 골라 주문하고 어른들은 자연스레 국수로 통일이 된다. 수다를 떠는 동안 주문한 음식들이 나오고, 다들 맛있게 먹는 모습들이 예쁘기만 하다. 한창 먹을 나이인 큰아이는 어느새 제 몫을 다 챙긴 뒤 내 국수 그릇까지 기웃거린다.

국수가 서너 술 정도 남을 즈음, 검은 이물질이 눈에 확 띈다. 딴청을 부리듯 주변을 살피다가 국수 그릇을 앞쪽으로 당겨 확인하니, 귀뚜라미 녀석이 죽어 모로 떠오른다. 동작 그만이라도 외쳐야 할까 망설이는데, 모두들 저마다의 밥그릇들을 깨끗이 비워내고 있다. 그리 크지도 않은 그릇 속에서 숨바꼭질을 그다지도 잘해낼 수 있었을까. 더욱이 국수사리에 휩싸여 식도를 타고 들어가지 않은 것만도 불행 중 다행이라 위로 삼기에 이른다.

귀뚜리는 생이 바뀌어갈 그 순간에 어떠한 생각을 하였을까. 사람은 죽어가면서 몇 가지 후회를 한다고 들은 적이 있다. 좀 더 베풀지 못한 것에 대한 후회, 그때에 잘 참지 못한 것에 대한 후회, 힘들게 하여 행복하게 살지 못한 것에 대한 후회 등….

첫 술을 뜰 때 눈에 띄지 않았던 것은 도대체 누구의 조화였을까. 귀뚜리가 더 큰 만남을 준비하다 생긴 현장이 아니었을까.

한 걸음 물러나서 생각을 바꾸니 여유로워지는 것이다. 그 귀뚜리가 얼마나 열정적으로 삶을 사랑했으면 그곳까지 이르게 되었을까, 그놈의 세계관까지 궁금해진다.

좀더 나은 조건이 갖추어지기만을 기다리며, 뒤처진 사고로 도전하기를 미루는 나와 자연스레 대비가 된다. 삶을 가볍게 살며 쉽게 시류와 타협하기를 일삼아 오지 않았던가. 치열한 생존의 법칙을 따르는 인간세계와 귀뚜리의 한살이가 다를 게 별반 없다. 행복이란 용기 있는 선택으로 그 과정을 즐길 줄 아는 것, 그들만의 특권이자 선물쯤이 아닐까. 점점 귀뚜라미보다도 치열하지 못한 삶을 연명해 나가고 있다는 생각이 들 무렵, 마치 부처가 보낸 귀뚜리가 다녀간 것만 같은 섬뜩함이 든다.

존재함만으로도 기쁨이 되어주고 희망이 되어주는 것들이 얼마나 많은가. 이 순간에도 귀뚜리의 전언을 들을 수 있음만으로도 감사할 따름이다. 아직도 못다 한 노래에 희망을 담은 그들의 진솔한 고백을 듣는다. 세상의 어떤 노래가 저보다 더 간절할 수 있을까. 혼신을 다한 연주를 듣다보니 어느새 눈가가 어른거린다.

5부
노란 꽃나무에 안부를 묻다

거제도 연가

거제도!

섬에서 섬으로 떠나는 길이다. 설레는 마음으로 나선 길목엔 모처럼의 배 여행도 즐길 수 있는 기회이다. 실로 여름다운 날 초행길을 나선다.

제주팀을 실은 항공기가 움직이기 시작한다. 내 마음이 먼저 이륙한다. 상공에서 내려다보는 세상은 푸르다 못해 시원함을 전해온다. 바다 가운데의 작은 섬들, 그 둘레로 포말이 그려내는 하얀 바이어스는 생동감으로 넘친다. 비행기보다 아래의 뭉게구름도 제 그림자는 숨길 수 없는지 닮은 꼴을 드리우고 있다.

부산에서 거제를 향할 때는 배로, 돌아오는 길은 거제대교를 건너기로 하니 더 넉넉해진다. 부산항구에서 휴식하고 있는 배들과 멀어지자 이름 모를 섬들이 차례로 반긴다. 부러 오른쪽으로 열을 지어 세운듯하다. 더러는 해무로 둘러싸인 섬들, 섬이라기보다 넘어야만 할 첩첩산중처럼 아득해 보인다. 전속력의 배로 달리며 연이어지는 섬들은 설핏 제주의 섬과 오름을 옮겨다 놓은 것 같고 몽환적 분위기를 자아낸다. 가까이 다가선 섬의 밑둥치, 허연 속살에선 고독과 싸워낸 당당한 옹이들이 선하게 웃고 있다.

비가 많이 내린 곳이 있었는지 바닷물과 번번한 황톳물이 대조를 이루고 있다. 두 가지의 물색이 흰 띠를 경계로 한창 농성 중이다. 경계를 허물고 하나가 되는 일은 때와 장소를 망라하고 시간이 약인가 보다.

한여름의 뜨거운 열기는 거제도라고 다르지 않다. 여유 있게 당도하였지만 G대학 행사장으로 직행을 한다. 준비로 한창인 행사장 분위기도 바깥 못지않게 뜨겁다. 여름세미나는 처음 참석한 터라 모든 게 낯설기만 하다. 각 지부마다 모여들고 반가운 인사들이 오간다.

수상식을 마치고 K 교수님의 열강 '낯설게 하기'와 '낯설게 보기'를 들으며 조금은 차분해져간다. 강의를 듣는 동안 잊고 지내던 것들이 스쳐가고 다시금 새롭기를 다짐케 한다.

저녁 식사 시간이다. 긴 줄을 서서 식사를 챙겨와 앉자 식당

밖 풍경은 노을로 흥건하다. 식사보다는 빨리 나가 움직이는 노을이나 실컷 보았으면 해보지만 단체행동을 하자는 선배의 말에 시간이 더 더디다. 자유이용권을 갖지 못한 것처럼 초행길의 어설픈 시간이 흐른다.

썰물처럼 빠져나간 노을 뒤로 미처 떠나지 못한 노을 끝자락을 마주한다. 희미해 가는 노을을 배경 삼은 구름 한 점에 입을 모은다. 모두 용의 머리 같다고 한다. 하지만 나는 거북이가 엉금엉금 기어가는 것 같다. 삶은 차근차근 살아내야 하는 거라며 본보기를 보여주는 듯하다. 과욕 부리지 말고 한 계단씩, 느리더라도 잘 딛고 건너야 한다는 메시지 아로새긴다.

차라리 낮잠을 더 즐기고 있을 뭇 생명들, 저들도 더위엔 밤낮을 거꾸로 살아내고 있는 것 같다. 나뭇잎들도 해가 떨어지고 나서야 생기를 찾는다.

저녁행사로 각 지부의 장기자랑과 캠프파이어가 시작된다. 갈고 닦은 실력들, 독특한 소재와 출연진들로 흥미를 더해간다. 대형 캠프파이어를 에워싼 회원들, 원 안으로 사물놀이패의 신명나는 우리가락에 지칠 줄 모르고 밤이 깊어간다. 무공해의 열이틀 달이 보름달 못지않게 온 섬을 밝히며 운치를 보탠다.

이튿날 아침, G대학에서 출발하는 문학기행 날이다. 길가로

이슬을 머금은 칡넝쿨도 싱그러운 바다를 향해 까치발로 기웃거리고 있다.

첫 코스로 학동 몽돌해수욕장을 들렀다. '차르르 차르르' 구르던 몽돌들의 노래가 귓가로 맴도는 듯하다. 노크도 없이 몽돌 위를 넘나들던 바닷물의 손길에 바지런히 고쳐 앉던 그것들의 동작이 귀엽다. 얼마나 살갑던지. 우리네 각양각색의 인생살이만큼이나 몽돌들 또한 낯빛과 모양 제각각이다.

어느 지부 회원인지는 모르겠지만 몽돌 하나를 줍고 자랑이 길어진다. 내게도 신기하다며 보여주신다. 한 마리의 새가 선명하게 새겨진 진품몽돌이다. 달걀만 한 크기의 그것은 표적이 된 듯 그곳 주민들로부터도 눈도장이 찍혀버렸다. 내려놓고 갈 수밖에 없는 일이 자못 아쉽다.

날 수 없는 날개가 더 자유로울 수 있다. 꼭 지녀야만 내 것이 아닌 것처럼 그 여운의 꼬리가 길다. 특별한 인연은 특별한 사유를 갖게 될 터이기에 그 회원의 불씨로 거듭나 명품 수필로 태어나길 바라본다.

몽돌에 새겨진 새는 저를 놓아두고 자리를 뜬 그 회원을 생각하며 지내고 있을지도 모를 일이다. 부려놓고 돌아서며 흘긋거리던 그 눈빛의 온도를 감지했을 터이다. 둘 사이로 흐르던 인정해주기의 마음 더듬어 본다.

연세 지긋한 여성 회원이 부려놓은 그 몽돌은 아직도 그곳에서 무사히 지내고 있을까. 그 회원이 부려놓고 간 마음을 알아차린 몽돌 안의 새가 더 속상해 할지도 모를 일이다. 바닥에 퍼질러 앉아 저린 시간을 보내고 있는 건 아닐까. 별이 뜨는 밤마다 날개를 파닥거리며 야간비행을 시도하는지도 모른다.

흔적도 없는 발걸음이길 바라는 거제주민들의 마음을 대신하는 바닷물, 저들은 쉬지 않고 온 길을 지워낸다. 젖은 꿈이 묻어나던 그 몽돌은 한여름의 열기보다도, 따가운 이별로 그리움만 차곡차곡 쌓아가고 있는 것 같다. 이루지 못한 아린 기억에 그 새가 먼저 상대를 헤아리며 한때의 아쉬움에 안부를 보내고 있을 것이다.

신선대 바위에서는 소나무의 정기가 배어나온다. 신선이 된 듯 탁 트인 바다를 조망하며 한 가지의 소원쯤은 꼭 들어줄 것 같은 영험한 곳이다. 마음으로 합장하고 잠시 두 눈을 지그시 감아본다.

신선대의 반대쪽으로 바람의 언덕이 그림처럼 펼쳐진다. 그곳으로 들어서자 불현듯 한 줄기의 바람이 다가와 갈증까지 씻어준다. 바람을 만들어 낼 정도로 이름값을 톡톡히 해내는 곳임을 제대로 실감한다. 제 이름값을 하며 살기가 얼마나 어려운 현실인가.

마지막 코스로 거제도 포로수용소 유적공원을 찾았다. 깊숙이 묻힌 시간을 거꾸로 되돌려놓은 듯하다. 전시된 곳곳에서 벌떡 일어나 휘휘 걸어 나올 듯한 현장감에 가슴 한구석이 아리다. 간담까지 다 서늘해진다. 흑백사진으로나 보던 잔혹한 역사의 흔적들 앞에 해설사의 이야기가 차분하게 보태지니 더 오싹거린다.

섬의 감춰진 매력들을 눈으로 가슴으로 고스란히 담으며 잊을 수 없는 소중한 시간들을 함께 가진다. 거제도 역시 아픔을 간직한 곳이기도 하고, 아름다운 경관을 지닌 섬이란 공통점만으로도 제주도와 비슷한 점을 많이 공유하고 있기에 친근감마저 컸다.

쉬 사그라지지 않을 법한 옷자란 지난여름이 가을에게 슬며시 자리를 내어주고 있다.

우도 연가
- 〈우도 기행〉

 시월의 첫날이다. 제주수필 문학회의 우도기행 버스가 출발한다.
 성산포서 도항선을 타고 우도에 도착하자 낯섦에 멈칫거려진다. 초입의 우도해녀항일운동비 및 커다란 안내도와 맞닥뜨린다. 옛 모습이란 찾아볼 수 없음에서다. 회원이시기도 한 L 교수님의 차분한 해설을 들으며 제주해녀들의 항일운동 진원지임을 뒤늦게 깨닫는다.
 오른쪽 해안을 따라 걷다보니 색다른 풍경 하나, 유모차 군단이 눈에 띈다. 어르신 해녀들의 수레이자 지팡이 역할을 톡톡히 해주는 만능 도구쯤의 쓰임새에 놀랍기만 하다. 여러 모양의 유모차마다 그 곁으로 벗어놓은 고무 슬리퍼들이 목을 빼고 주인의 무사귀환을 기다리는 모양새이다. 효자인들 저들만 한 쓰임에 견줄 수 있을까.

예전과 사뭇 달라진 곳들에 눈이 휘둥그레진다. 적잖은 규모에 크고 작은 기원돌탑 터를 지나며 소원돌 하나씩을 쌓아올리던 그들의 정성이 느껴지기도 한다.

지석묘를 지나 돌칸이 해변으로 향한다. 돌칸이는 소의 여물통이란 뜻으로 소가 누워있는 형상의 머리 쪽에 있어 붙여진 이름이기도 하다. 그곳 널찍한 바위에 큰 바위 얼굴이 있다기에 찾다보니 그 외에 몇 개의 얼굴상도 못지않게 존재감을 드러낸다. 우도의 수호천사들이 아니던지. 비와사* 폭포의 안내문을 본다. 폭포였을 때의 물줄기 사진을 보며 실제 상황을 어림짐작해보기도 한다. 그 즈음 뜨고 있던 〈강남스타일〉 노래의 인기 못지않을 제주어 어감의 감칠맛에 잠시 빠지다 웃음이 절로난다.

우도봉을 향하다 형 아우로 서 있는 듯한 성산일출봉의 분화구가 조각 구름 이고 가을 나들이 손님을 맞느라 몸살이 깊은 눈치이다.

우도봉 정상에 당도한다. 하얀 등대 하나 전설처럼 오롯이 서 있던 자리에 새로이 빨강 모자를 쓴 신식 등대가 군림한다. 동중국해를 운행하던 선박들의 지표 역할을 하던 곳이다. 한

번 뵌 적 없지만 구형 등대에 오랫동안 지인의 아버지께서 근무를 하셨던 곳이기에 감회가 남다르다. 늘 섬이길 자처하듯 고립과도 같은 긴 시간을 벗 삼던 내공을 헤아려본다. 정상에서 내려다보는 탁 트인 시원스러움에 여유로움이 묻어온다. 눈앞에 펼쳐진 자연과 같은 마음으로 지낸다면 삶에 조급해질 이유란 없지 않을까.

곡선으로 이어지는 해안을 따라 눈길 닿는 곳마다 개성이 넘쳐난다. 우도는 8경과 절경들을 곳곳에 안배해 놓고 있다. 울음과 웃음만으로도 상대를 쥐락펴락하는 아기처럼 여행자의 마음을 조종하고 있다.

하산하며 고향이 하도리인 지인이 어린 시절 우도 쪽에서 나는 소 울음소리를 가끔 들은 적이 있다고 한다. 등대가 짙은 안개 등으로 제 역할을 못할 경우에 소 울음소리를 빌려 소통하던 신호였음은 그도 나중에 알게 되었다고 한다. 선조들의 지혜에 다시 한 번 고개를 끄덕이며 모처럼 우도나 소섬으로 불리는데 걸맞는 연유를 제대로 알게 된다.

눈도장을 덜 찍고 가는 검멀레 해변의 검은 모래와 주간명월, 동안경굴의 거처를 멀찍이서 내려다보는 것만으로 위안을 삼으며 발길을 옮긴다.

하고수동해수욕장에 이르기 전 새까만 돌 무리 위다. 그 안에 미처 빠져나가지 못한 썰물 한 양푼 정도에 구름 한 조각이 가던 길 멈추고 들앉았다. 서로의 넋두리를 주고받으며 시간 가는 줄 모르는 길동무의 애틋함을 보는 듯하다. 하고수동해수욕장의 고운 모래가 널따랗게 펼쳐져 평화스러움의 상징처럼 다가온다. 흰 모래가 물을 머금으니 금모래 되고 수심이 얕아 물가에서 물놀이를 하는 팀들도 눈에 띈다. 까만 돌 위로 해수욕장을 가로질러 세계 최대의 해녀상이 있다. 양편 주민들 간에 생업이 걸린 문제로 해녀상이 경계의 표식이었음을 설명 듣는다. 미소 짓고 있으나 걸머진 망사리 속 고스란히 숨어든 응이들로 더 어깨가 무거워 보인다.

마을길을 따라 걷다보니 낮은 밭담 안의 땅콩줄기들이 몇 번의 태풍 영향인지 초췌해 보인다. 우도 땅콩의 인기 또한 날로 높아만 가는데 안타깝다. 마을 안은 크게 변한 것이 없어 되레 반갑다. 아이들이 어렸을 적, 여름이면 지인들과 몇 번 다녀간 적이 있다. 그때의 민박집 식수에서 짠 성분이 많아 불편했던 기억조차 새롭기만 하다. 졸린 눈들을 비비며 일출 보러 나서던 길, 백사장에서의 물놀이, 낚시 등 도처에서의 추억 줍기를 짬짬이 떠올려본다.

산호해변으로 알려진 홍조단괴인 사빈백사는 천연기념물로 지정된 해수욕장이다. 홍조류식물이 자라며 조류와 파도로 동심원 꼍의 작은 조약돌들이 이야기꽃을 피워낼 것 같고 아기자기함 물씬 배어난다. 게다가 해수욕장의 에메랄드 빛 물빛을 주도하는 요물들이기도 하다.

곳곳 등대의 색깔만큼이나 그 역할들도 다양하지 않은가. 한 번에 다섯 개의 등대를 함께 볼 수 있는 곳 역시 우도가 아니면 가능하기나 할까.

검멀레 해변과 비양도의 다리가 길을 허락하는데도 건너지 못하는 아쉬움에 다음을 기약해 본다. 가지 못한 길에 대한 미련이 증폭될 즈음 일행의 뒤를 쫓느라 마음이 바쁘던 일조차 해풍 묻은 추억으로 자리한다. 우도의 경관만큼이나 내리쬐던 가을볕에 건성으로 있는 곳은 찾아볼 수 없다.

이곳은 해녀들이 착취에 맞선 항일투쟁의 발원지이자 국내 최대의 어민봉기처다. 우도해녀의 노래 가사가 그 시대로 이끈다.

우도, 길 위 낯섦에 익숙함을 늦춘다.

* 비와사: '비가 와야'의 제주어

간이역

 비행기에 탑승하자 배웅 나온 큰아이에게 잘 들어가라는 문자를 남기고 핸드폰을 끈다. 필시 자신을 비워놓겠다는 약속일 게다. 안전띠를 두르며 창밖을 훑어보다 응시할 곳조차 없는 그녀이다.
 '꺼억꺼억'
 안전띠의 봉인 소리 들리자 파란의 조짐도 없이 뺨을 타고 흐르는 뜨거움, 까치발조차 없던 사변이다. 온통 범벅이 되고만 기내의 깨뜨려진 적막이다. 진공 상태로 배달된 씨앗 한 톨 어디라 날아든 걸까. 아지랑이 속 뜻 모를 봇물에 더는 꼼짝달싹 할 수도 없는 처지다. 넋을 놓는다는 것은 이런 때를 두고 하는 말인지도 모른다. 자신의 호흡이라 조절할 수도 없고 가릴 수도 없는 속수무책이 큰 강물로 흐른다.

　서울서 직장 다니던 남편의 유품을 한 달이 다 되어갈 무렵에 챙긴다. 큰아이와 여동생 내외가 동행해줘 정리하고 돌아가는 길이다. 동생네가 쓴다는 것은 챙겨주고 몇 가지는 집으로 소포 부친 터다. 모두가 거들어줘 생각보다 빠른 시간 내에 마무리된 셈이다.

　텅 빈 방을 나서다 침대가 놓였던 머리맡 벽에 크게 그려놓은 등잔불 하나, 온 날을 밝혀온 등불 섬뜩하리만치 그녀의 눈에 밟힌다. 길을 나서도 떠날줄 모르는 그 잔상이 함께 걷고 있다. 공수표로 날린 몇 줄의 약속, 유통기한을 넘긴 줄도 모르는 단문의 문장들이 더 또렷해진다.

　늦은 점심을 마치고 각자 제자리로 돌아간다.

　어떤 생각도 행동도 무장해제의 연속인 그녀이다. 혼자 붉어 이미 제어 밖 세상은 차라리 허공에 모두 내려두고 가라는 전갈쯤일까. 가난한 울타리의 틈새로 끼어든 접신 한 자락, 빈자리의 크기 셈해 본 적 없고 한 치의 꾸물거림도 없던 만큼의 반전이다. 가려진 벽이 두텁고 어두운 예감에 모래성 무너지는 소릴 들음도 아닌 터다. 발버둥이라도 치면 돌려주리란 셈법일까. 홀연한 궤적이라 들춘 것도 아닌데 소리 없이 당도한 출구 모를 미로의 연속이다. 혼자일 때 조용히 먼발치로나 찾아들면 좋을 텐데 좀체 사그라들 줄 모른다. 옴짝달싹할 수도 없는 미숙함이 멀거니 머문다. 비행기의 속도를 잊은 미로의 행간만 새하얗게 펼쳐진다.

　기내의 어떤 이의 혼절이 그러할까. 간이역의 통과의례인 양 가로지르는 철없는 시간은 완행열차의 덜컹거림보다도 더 더디게 지나고 있다. 태풍의 눈을 맞는 고문 같은 시간, 저 혼자 웃자라고 있다. 비우고 오라는 주문도 없이 당도한 것은 그녀의 속내가 아니다.

　비행기가 공항 활주로에 닿는 순간, 기적처럼 목울대도 잦아든다. 시선조차 옴짝달싹할 수 없던 그 얼음 같던 서걱거림의 전모가 끝이 난다. 허공이기에 허한 길이 분명하다. 부재이거나 상실, 주절거리던 마음 한 올 눈치 받은 것 없는데 말이다. 맨손으로 바위치기를 하던 그 간이역, 구름 위의 한때는 아직도 이해불가의 시공간이다. 외진 모퉁이의 바람길 한 점 에돌아 질펀하던 곳이다. 누구도 끼어들 수 없던 그 길, 바닥 모를 추락은 붉은 소실점을 찾아가는 긴 여정이다.

　이미 떠난 섬은 더 이상 대답이 없고 공허한 메아리만 겉돈다. 지상에서 멀어진 만큼 뒤척일 틈도 없이 당도한 한 줌의 시간을 뒤늦게, 온전히 끌어안는다. 기내의 그늘로 숨어든 커튼 너머, 길 찾기를 모색하지 않는다고 찾아온 그 허영 같은 때를 마주한다. 여름날 뙤약볕의 말씀에 고분고분 할 수 없던, 떠나던 이의 찰나가 영상처럼 스친다.

한 줄기 바람에 실려 오는 엉또폭포 물살의 짙은 신음소리, 낙하도 쉬운 일이 아닌지 바람에 묻어오는 포말들이 얼음꽃이다. 더는 붉을 수 없는 소인으로 가득하다. 허공에 드리웠던 긴 그림자, 한때의 폭포수를 거두듯 그러안는다. 주절거리던 속살, 안개 무리 너머로 더는 도피처를 찾지 않기로 한다.

그해 여름, 한 송이의 얼음꽃처럼 다녀간 이의 자취를 온전히 놓아드린다. 빈 그릇의 옹색함이던지, 무장 해제의 얕음이던지, 얼룩이 덜 말라 퇴색조차 더딘 서툰 여행길이다.

고백 같던 몇 줄의 언약과 맞바꾼 부재가 아닌가. 그 빈자리에 더 이상의 물음표를 거둔다. 붉은 동백보다도 붉던 그 길에 가려진 말들을 슬며시 꺼내본다. 어느새 그 자리 둘레로 희미해져가는 발자취, 한여름에도 겨울 같던 한기가 희석되며 비껴간다. 개망초 꽃들의 한들거림이 누군가의 넋두리만 같던 그해다. 그 간이역의 소금꽃의 시간을 슬며시 내려놓는다.

그녀는 꺼두었던 핸드폰을 다시 켠다.

태풍, 볼라벤

바깥은 태풍의 뒤태 수습으로 분주하다.

새벽 3시경에 눈을 떴다. 강풍과 폭우가 유리창을 강타하는 유별스런 인사에 촉각을 곤두세운다. 간신히 연 문 틈새로 검은 정체의 갈퀴를 어렴풋이 보고 숨죽여 닫는다. 가늠할 수 없는 괴력에 통유리가 억지 춤을 추고 있다. 오래도록 지워지지 않을 광경이다. 새벽 3시경이 고비라더니 이 순간만 잘 넘기면 지나가겠지 싶다. 이내 살얼음판 위를 걷듯 주춤거린다. 세 시 사십여 분이 족히 지났을까. 안방 통유리 두 짝이 약속이나 한 것처럼 차례로 굉음을 내기 시작한다. 베란다 창을 염려했는데 엉뚱한 곳에 족적을 남긴다. 피신하듯 안방에서 나와 철퍼덕 주저앉으니 자연계의 현상 앞에 한없이 작아짐을 느낀다. '이만하길

다행입니다. 그냥 지나가 주십시오.' 화살기도를 올린다.
 안방으로 내川가 터진다. 전운은 격자무늬의 목문까지 덮치려는지 들었다 놓기를 반복한다. 문틈을 비집고 폭포처럼 뿜어대는 수포들의 행렬, 맹렬한 이어달리기의 그 끝이 보이질 않는다. 침대 밑에 있던 것이 흠뻑 젖는다. 침수와의 전쟁이다. 안쪽 문을 사수하던 두 팔이 저려오고, 수재민이 멀리 있지 않음을 깨닫는다.
 창가에 때늦은 꽃봉오리를 달고 드러누운 치자분과 난분이 한쪽 귀퉁이로 쏠려가 부둥켜 있다. 가로등 불빛에 망신창이가 된 잎들의 흔들림이 얼비친다, 어느 하나 한마디 항변이 없다. 어떤 수행이 저들만큼 처절할까.
 희미하게 동이 트려는데 창문을 열어볼 수가 없다. 좀체 여파가 수그러들 기미가 없음이다. 14호 덴빈을 제치고 날아든 성미 급한 15호 볼라벤이 TV에선 제주를 지나간다는데 여전히 꼬리 긴 저의를 본다. 바깥 문틈에서 남은 잔해들끼리 부러 쇠를 마찰시킬 때나 날 법한 소음이 놈의 설교인 양 배경음으로 덧입혀진다.
 '강풍이 완전히 멎을 때까지 나다니지 말아주세요….' 날이 밝아오자 아래층으로 문자를 보낸다. 후속의 사고가 우려되어서다. 궤도를 벗어난 방충망과 짝 잃은 양쪽 귀퉁이의 문짝들,

화분들이 안간힘을 다해 버티고 있어서다. 오후에 들어서야 잦아드는 태풍이 감지된다.

　얼마 전 옆 동의 옥상 배수구 안으로 둥지 틀던 새의 일가가 떠오름일까. 한 쌍이 둥지를 짓기 위해 수없이 나뭇가지 등을 나르던 모습을 우연히 목도한 터다. 새로운 보금자리에 식구를 늘려 번갈아 나르며 새끼들을 위한 먹이 챙김이다. 둥지로 들기 직전, 안전이 보장되지 않으면 행로 바꾸기도 일쑤다. 자식 농사의 극진함에 시샘이 날 정도다. 둥지 근처로 어미, 아비 새가 얼씬거리기만 해도 낌새를 알아채 옹알이로 더 재촉해댄다. 저들만의 세계, 살가움을 엿본다. 정성을 받아먹고 자란 어린 새들, 그 일가는 태풍이 올 것을 감지하고 일찌감치 새끼들을 독립시키려 한 것일까.

　저들만의 새끼 사랑법을 본다. 막내인지 길모퉁이에서 걸음마도 제대로 떼지 못한 채 홀로 주춤거리고 있다. 기회를 놓칠세라 들고양이가 끼어든다. 어슬렁거리는 고양이의 위엄에 위기상황을 모면하려 날려는 건지 뛰려는 건지 아기 새는 애면글면한다. 쩍, 쩍, 쩍, 달뜬 구호요청에도 아랑곳없자 오리무중의 연속이다. 어설픈 걸음마와 날갯짓을 모두 동원해보지만 어느 하나 제대로 작동 되지 않는지 마음만 앞선다. 먼발치서 애타는 목울대의 떨림은 온 동네의 메아리다. 구원요청에 속 타는 제

어미인지 아비인지의 흔들림 없는 응원의 소리가 줄곧 이어진다. 그 짧은 응답이 존재감이자 응원의 전부다. 던져진 주사위는 온전히 아기 새의 몫인가 보다. 깊어가는 밤에도 멀리 벗어나지 못하고 허점만을 노리는 고양이의 술래가 길어진다. 고행이 길지 않길, 속히 비행법을 터득하여 평온을 되찾길 바랄뿐이다. 어떤 기류에도 편승할 수 있는 그런 여유쯤, 지금쯤은 즐기고 있을지도 모를 일이다. 청명한 날 높은 하늘에서 새들의 날갯짓 여운 중에 특히 활공은 선망의 대상이기도 하다. 생존의 중요함만큼이나 자유스러움과 절제미가 돋보이는 이유에서다.

조금 전까지의 내 모습이 아기 새의 첫 비행의 초심보다 더 속수무책이 아니던가. 태풍에 대한 트라우마가 생길 듯하다. 볼라벤의 역습에 사력을 다하던 그날의 아기 새의 처절함이 왜 겹쳐짐일까. 어미 새의 태풍을 예견한 조기 행보가 대견할 뿐이다. 아기 새의 사력을 다한 극기의 방법을 다시 새겨야 할 것 같다.

볼라벤을 뒤따라온 덴빈까지 다녀갔다. 잦아지는 자연재해로부터 안전한 곳이란 과연 어떤 곳일까. 한여름 날 폭염의 맹위 또한 지구로 보내는 경고장임을 그동안 잊고 지내온 터다. 태풍 대비에 소홀함은 없었는지 자문해본다.

하늘을 날기 위해 새는 뼛속까지 비운다던데….

빈 화분

    미뤄오던 앞 베란다 청소를 시작한다.

    화분이 많을 것도 같지만 구석구석에 빛바랜 사연들이 녹아든 잡동사니들이 더 많다. 뜬금없는 손놀림에 화들짝 깨어나 스멀대는 기운들이 느껴진다. 슬며시 웃음 짓게 하는 것도 있고 애잔히 거리를 두게 하는 것도 있다. 떼를 써가며 들여온 것도 있고, 큰아이 어릴 적 상패에 이름이 쏙 빠진 동패도 끼어 있다. 이사 때마다 따라다닌 화분도 있고, 몇 점의 조그만 수석과 귀 빠진 골동 그릇도 세월을 대변한다. 저들의 내력만큼 청소가 더디어진다.

    긴 화분 하나가 눈길을 오래 붙든다. 지난해 가을, 담양 메타세쿼이아 가로수 길을 함께 걷다 한참 동안 머뭇댄 적이 있다.

빈 밭의 가장자리의 둔덕에 잡목을 에워싼 바싹 마른 줄기 따라 시선이 고정된다. 캄캄한 밤하늘에 박힐 별들처럼 총총한 열매들에 홀리고 만다. 동행한 친구들은 본체만체한 후 지나치는 바람에 나 홀로 탄성은 일행들과 아득해진다. 가로수 옆 낮은 밭담 덤불 위, 앙증맞게 내걸린 살색 보자기 무리이다. 그들의 수만큼 눈을 맞추려면 날이 샐 듯하다. 그 크기가 아기 나팔꽃 씨앗만큼이나 했을까. 공 모양의 열매를 살며시 흔들자 청아한 소리를 낸다. 자세히 들으니 가늠할 수 없는 머릿수의 합창이다. 낯선 길손의 접근에 적이 놀라는 눈치지만 어느새 몇 방울이 내 주머니에 안착하고부터 내가 들러리가 된다. 여행 중에 소지품이 늘어갈 때쯤 귀찮아지기도 하지만 들러리의 몫일뿐이다.

그것들은 여행길을 함께하고 돌아와선 내 방에서 계절이 바뀌는 동안 보이지 않는 가시로 무장했을지 모른다. 의지 없이 따라나선 별님들에게 볼 낯이 없다. 일탈의 기운을 지니고 있는 것들은 일어서도록 해줄 의무감, 내 짐임을 깨닫는다. 세상으로의 동참을 원하며 술렁대는 마음을 엿보았기 때문이다. 의미를 찾아주기 위함만으로 시기를 무시하고 겨울에 빈 화분에 부려놓는다. 때를 맞춰 씨뿌리기도 못할 내 건망증이 더 이상 무엇을 자초할지 모를 일이다. 봄이 되어도 소식이 감감하기에 마음을 접는다. 여름휴가에 아이들이 있는 타지로 가느라 장기간 집을 비운다. 걱정거리이던 화분들을 물통에 나누어 담아 갈증만은 면해주기로 한다. 마지막으로 길쭉한 빈 화분 하나, 여분의 자리로 끼워놓는다.

오랜만의 귀가로 빈 화분의 두 곳에서 나란히 내민 낯선 얼굴들이 관심을 끈다. 그 떡잎들은 잠시 날개를 펼쳐놓고 쉬고 있는 나비들 같다. 특권을 되찾은 양 미지를 향한 그리움으로 당당해 보인다. 본잎을 보기까지는 내가 심어놓은 것인지 반신반의하며 며칠을 더 기다린다. 필시 이방인으로 눈을 뜬 그들이다. 어느덧 실핏줄 같은 줄기에 초록빛 본잎을 내세운다. 잎겨드랑이 맞은편으로 덩굴손 한 손이 자리하고 키와 세를 늘려간다. 촉수 끝에 실린 역동성과 빠뜨림 없는 삶의 구간을 매듭지어가는 덩굴손의 행로에 푹 빠져든다. 이들의 잰 발돋움을 들여다보다 서울에서 야간대학을 다니며 미용 기술을 익히고 있는 조카딸이 슬며시 떠오른다. 마디 사이를 잰 듯 굳은 결심을 내보이는 초록 행보, 그 맞은편으로 진심을 다해 파마를 말아가는 덩굴손의 걸작처럼 머지않아 조카의 유연해질 일상과 닮은꼴이 아닐까. 그동안 두어 번이었지만 일이 힘들다며 객지서 투정부리던 조카의 전화는 제 아빠를 안타깝게 한다. 그런 조카에게도 스스로 선택한 길을 즐기며 살아낼 날이 올 터다. 여름휴가를 다녀간 조카가 할머니의 머리에 파마를 해드리고 갔다. 시간이 지나 촘촘한 곱슬거림도 손녀딸의 손길이라 싫지 않은 내색이다.

가끔씩 집을 떠나 지내다보면 여유로움이 더 생겨난다. 군말 없이 따라나선 이름 모를 들풀 씨앗들도 저와 같은 생각을 할까. 지지대를 따라 줄기의 방향키를 잡아가는 야무짐, 심장 모양의 잎들 내거는 부지런함, 잎사귀의 가장자리에 카리스마를 지닌 톱니로 멋을 부림, 덩굴손의 진지한 손놀림이 예사롭지 않다. 서로 도와가며 체온을 나누는 일, 의지하며 살아가는 법을 배운다. 또 다른 별들이 걸리길 기대하며 이들이 진정한 여행자이길 바라본다.

빈 화분이 있거든 한 보름 이상 물통에 담가두어 보길 권한다. 오래전에 묻힌 씨앗 하나 움트길 손꼽고 있을지도 모를 터다. 점 하나가 틔우는 옹골진 몸짓, 숨었던 끼까지 찾아줄 수 있을 터다.

갈빛 소묘

손가락 끝에서 향내가 폴폴거린다.

유난히 긴 추석 연휴를 지나는 터라 향긋한 먹거리를 궁리하다 친구네 밭으로 향해 본다. 밭주인의 성품처럼 빈틈없이 정갈한 진녹색이더니 빛에 벼린 막바지의 풍경 탓일까. 들깨의 씨앗 쪽을 빼고는 누런빛이 돈다. 기다란 씨앗자루에 박힌 깨알들을 보다 그 꼭대기로 얹힌 쌀 한 톨만 한 들깻꽃, 간만에 사람 꼴 본 듯 방긋거린다. 준비한 도구도 없는 터라 왼손이 눈감아 주는 만큼 들깨 씨앗주머니 어느새 빼곡해진다. 씨를 따고 돌아와 손을 씻어도 사라지지 않는 짙게 배인 향이 커피를 찾게 한다. 한 잔의 커피에 어룽거리는 무늬 내려앉는다.

우리 가족의 기호는 유별스런 편이다. 시어머님은 커피를 달고 사신다. 구순을 앞두고도 '커피 떨어지면 하루도 못 산다….' 강조하신 적이 많다. 걸어온 세월만큼 애틋함 깊으신지 그 소리들 잠재우려 더 찾는지도 모를 일이다. 혹은 적막한 일상이거나 의미 모를 시간들을 그 한 잔에 녹이려 길벗 같은 동행이다.

한 잔의 커피에도 작동법이 다름일까. 어머니는 잠이 안 올 때조차 찾으시는 반면 나는 잠을 떨쳐야 할 때 더 찾는다. 숙면으로의 초대와 졸음과의 사투는 무심한 시간을 연명하기 위한 또 다른 선택들이다. 어디로부터의 기인일까. 시간을 횡단하려는 어머니와 종단하려는 내가 아닌가. 편안한 잠을 청하기 위함은 사뭇 애호가다운 면모이나, 졸음과의 기 싸움에 정신 줄을 흔들어줄 요량에는 애호가라 할 수 없음이다.

때때로 농삿일에 지친 어머니는 하루를 커피로 마무리하신다. 그 고단한 무늬를 부려놓을 즈음 우두커니 한 밤을 잠재우려 앓는지도 모른다. 수많은 불면을 이끌고 다니면서도 투덜댐이 없으시지만, 그 자리마다 만병통치약인 듯 자가 처방하며 자리매김된 지 오래다. 마주한 그 한 잔에 인간적 고독을 상쇄시키기 위해 달콤한 거래를 하는지도 모른다.

남편의 산소가 있는 곳을 간간이 찾게 된다. 어떤 그리움이 꿈틀거리기라도 하는 날이면 그 길목에 빠뜨릴 수 없던 게 있다. 더운 날이면 냉커피를 추운 날이면 보온병에 뜨겁게 탄 설

갈빛 소묘 **181**

탕커피를, 배례 후의 한 잔을 산소 주변으로 뿌린다.

언제부터가 뜨거운 커피세례가 장관을 이룬 듯 지난 곳곳이 누렇게 변해간다. 드문드문 잔디가 타들어감이다. 그 변모는 한참 후에나 깨닫게 되었으니 이 또한 생전의 남편이 유난히 즐기던 커피가 부른 호사다마라고나 해야 할까. 누구를 만나든 어색한 분위기는 잠시도 견디지 못하는 성미탓일 게다. 눈에 익은 모양새의 그림이 그려진다.

아들의 산소이기에 어머니께서도 찾던 곳이다. 동네에서 가깝기도 하여 평소 즐기던 것이라 챙겨 다니신 것 같다.

산소 주위로 진갈색 전리품 쏟아 붓는 대결이라도 벌인 셈일까. 뜬금없는 화상에 보란 듯 속살 드러낸 부위들이다. 생전의 기호를 생각하며 앞서거니 뒤서거니 대접은 또 다른 서툰 약속쯤이다. 그 들이댐에 불청객인 양 뒷걸음질치며 손사래 쳤을 광경에 잔잔한 파동이 인다. 무모함을 지켜보다 뒷짐지고서 웃음소리 터트리진 않았을까. 그 너털웃음이 오래 덧입혀진다.

삶의 모퉁이에 절룩이는 시간들조차 장악해주는 커피의 위상을 나무랄 수도 없다. 숙면을 취하기 위함이거나 베일에 가린 시간을 모색하기 위해 깨어 있을 요량의 뒤편, 그것이 부리는 안배 앞에 저마다 내려놓을 수 있는 대상에 감사한다. 숱한 변신으로 사랑을 독차지하며 우리의 일상을 점령해버린 그 갈빛 무장을 어찌 다 열거할 수 있을까. 조금도 지친 기색 없이 모두에게 조화롭게 응대해주기 때문이다. 누군가에게는 한결같이 곁을 내는 존재감으로 또는 저녁 즈음의 딱 한 잔으로도 잠을 떨쳐내는 자명한 현상 앞에 족적의 깊이 또한 제각각이다. 지치고 묵직한 일상 앞에 때를 알려주듯 편안한 역량으로 스미는 포용력이다.

짙은 갈색 가루의 효험, 어찌 그 미학을 탓하랴. 산 사람이나 세상을 떠난 이에게도 머물며 흐려질 수 없는 기억 저편의 밀고 당기기에도 유효함이다. 그 빛, 그윽한 향기에 오래도록 갇히기를 원하는지 모른다.

바다만큼 넉넉해진 찻잔으로 갈빛 소묘 어른거린다.

노란 꽃나무에 안부를 묻다

계절마저 비켜선 황량한 내 방에 기적처럼 가을이 들어와 앉아 있다. 종달리 해안가를 다녀오다 따라온 노란 열매 줄기다. 젖은 얼굴로 털썩 주저앉은 화장대 앞, 쉰의 나이를 앞둔 주름진 내 모습 뒤로 고즈넉한 가을이 새악시처럼 물끄러미 바라보고 있다.

만추의 들녘, 바다를 배경으로 한 그 벌판의 얼크러진 덤불 속, 노란 구슬을 매단 줄기는 마치 여인의 목에 두르고 있는 보석들처럼 영롱하다. 행여 열매들이 떨어져 버릴까 조심스레 줄기를 매만지다 전류처럼 흐르는 삶의 지난함에 눈시울 붉어진다. 누군가에게 들킬까 봐 괜스레 텅 빈 하늘만 올려다보던 기억이 새롭다.

이름도 모르는 노란 열매가 가끔 상념에 젖어들게 한다. 한 알 한 알 가녀린 줄기에 방점을 찍듯 실한 열매 매단 줄기를 마주하다 얼기설기 한 내 이력을 반추하게 된다.

이 세상에 영원한 것이 어디 있기나 한가. 살아있는 것들의 운명조차 얼마나 가뭇없던지. 붙잡고 싶은 것들과 간직하고 싶은 것들은 왜 쉬 사라지는지, 한 줌 흙으로 돌아가고 말 생인 것을 아등바등 살게 되는지 모른다. 자연의 도도한 흐름을 거역할 수 없듯 떠날 때가 되면 떠나는 것인데, 왜 사소한 것들에 소진하게 되는지….

요즘 산행 길에선 유독 빈가지로 서 있는 것들에 눈길이 오래 머문다. 마지막 잎새마저도 다소곳이 대지로 부려놓는 모습에 겸허해진다. 말없이 떠난 이에 대한 아픔, 그리움이 깊어서일까. 스쳐가는 가지마다 못다한 안부인사 건네 듯 떨리는 손 내미는 것 같다.

가을의 여정은 화장대 앞에 머물러 있지만 누군가의 가을을 훔쳐온 것만 같아 맘이 편치만은 않다.

그날 돌아오는 차 안에서 그 열매들에 눈을 맞추며 그 숫자만큼의 지난 시간들을 돌이켜 보던 일이 새롭다. 건성건성 살고 있는 자신을 되돌아보다 남은 시간만큼은 촘촘히 매달린 열매처럼 치열해보기로 한다.

하룻밤 새 노란 열매의 모습이 눈에 띄게 달라졌다. 자체만으로도 고운 열매가 세 갈래로 벌어져 드러낸 속살은 빨간 씨앗 세 알씩 품고 있는 게 아닌가. 진한 향기로 품었음직한 그것들은 속마음까지 열어 보인다. 이 가을은 누군가가 특별히 부쳐준 선물 같기만 하다. 마주하고 있노라니 쉬이 마음 열어 보이며 먼저 인사를 건네 온다. 그들에게 눈웃음으로 화답한다.

문득 지난 여름 홍도 나들이 길, 동행해준 친구의 안부가 궁금해진다. 친구와의 첫 만남은 작년, 그녀가 제주의 동창들을 찾아왔을 때다. 객지에 살다보니 동창들에 대한 생각이 간절했다고 눈물을 글썽이기까지 하던 그녀이다. 유년의 추억만이 전부이듯…. 광주 사람이 다 되어버린 친구는 그동안의 격조했던 세월을 좁히는데도 재간이 있어 금새 동심으로 되돌려 놓는다.

그 후 간간이 전화 통화만 오가던 터다. 마중하러 역으로 서둘러 나오게 한 것만 같아 미안한 마음뿐인데 도리어 보자마자 특유의 너스레로 우리를 반긴다. 우리에게 곰삭은 광주의 맛을 저녁으로 대접해주고, 선뜻 집으로 데려가 방을 내주며 다음날의 여행에 길라잡이까지 자처한다.

아침에 눈을 떠보니 전날 모두 잠을 설쳤는데도 친구는 청국장을 뜬다고 혼자 부산스럽다. 갈무리 즈음 미리 준비해둔 아이스박스에 드라이아이스와 청국장 통을 넣어주며, 제주에 가면 곧바로 냉장고에 넣으라고 당부마저 한다. 내색은 하지 않았지만 청국장 뜨는 날짜까지 우리 일정에 맞추던 친구이다. 아무리 집에 방이 남아돈다 한들 쉬이 방을 내줄 수 있을까. 아직도 미안함과 고마움이 가슴 뭉클케 하고 부끄럽게 한다.

  드문드문 보내주는 문자와 전화로 또 다른 삶에 생기를 불어넣어주고, 영혼까지 맑게 해주는 친구가 있어 넉넉해진다. 친구의 마음을 반이나마 닮아갈 수 있으면 좋겠다.

  노란 꽃나무 열매가 빚어내는 가을의 서정으로 내 방은 따뜻함으로 가득하다. 그 열매 너머로 광주 친구의 넉넉한 얼굴이 보름달처럼 포근하게 떠오른다.

6부
알작지와 해녀

가을의 길목에서

선선한 바람이 아니어도 가을이 성큼 다가선 것 같다.

여유있게 나선 출근길, 늘 지나치게 되는 이호해수욕장으로 향한다. 아침에 내린 비로 촉촉해진 세상이 말을 걸어오는 것만 같다. 8월의 백사장은 물기를 머금고 한적함이 흐른다. 해수욕장도 잠시 자신만을 위한 시간을 갖는다.

모래사장 한 켠에 수북이 쌓인 갖가지 색의 튜브와 파라솔 아래의 빈 의자들이 쓸쓸해 보인다.

전망 좋은 곳에 자리잡고 앉으니, 생생해진 파도 소리와 수그러든 매미 소리가 대조를 이루며 계절이 바뀌고 있음을 실감케 한다. 인산인해로 파도 소리조차 묻히던 곳이다. 작열하던 해수욕장의 한때가 그려진다.

문득 한여름에 점심약속 장소로 가다 중앙분리대의 화단에서 마주친 보랏빛 꽃송이가 떠오른다. 불쾌지수 80은 훨씬 웃돌 숨막힐 듯한 불볕 아래, 주변의 식물들 휘늘어질 때 더 눈에 띄던 꽃무리다. 꽃잎마다엔 형광 보랏빛 발산하며 무더위와 당당하게 맞선 그들의 의연함은 차라리 보석보다 더 빛난다. 그다지 크지도 않은 키에 꽃 모양은 국화를 빼닮았다. 된더위에 장사가 없듯 쳐진 심신에 청량제처럼 마주하게 된 꽃. 이름을 몰라서 더 눈부시던 꽃은 내게로 다가왔다.

빛과 색의 화가일지라도 환기의 달인 같던 그꽃의 빛깔을 온전히 그려낼 수 있을까. 좀처럼 시들지 않을 것 같은 도도함은 대체 어디서 우러나오는 것일까. 주변의 식물들은 맹위에 숨조차 고르지 못할 지경인데 그들은 도리어 무더위를 즐기는 듯 호방함까지 내보인다. 그들의 삶에 용해된 당당함이 이글거리는 태양 아래선 나를 한없이 작아지게 만든다. 햇빛에 맥 못 추는 것들처럼 지내는 내게 힘껏 살라고 또랑또랑한 목소리로 말을 걸어온다.

'힘내세요!'

흘러가는 데로 살아, 무더위로 무기력해진 나를 각인시킨다. 흐릿한 존재감으로 살아가던 내게 명치끝을 치는 울림은 생각의 집부터 지어보라고 재촉한다. 그들의 열정은 어떠한

난관도 이겨낼, 헝클어진 실타래조차 풀어낼 에너지의 충만함을 엿본다. 화려해 보이지만 결코 요란하지 않으며 어떤 특명을 받고 피어 있는 것만 같은 그들이다. 반짝이는 영혼과 상큼한 미소 속에 비장한 꿈 가득하다. 그들은 어떤 열매를 준비하고 있을까. 중앙분리대를 메운 꽃송이들을 바라보다 내 마음의 방향키는 어디를 향하고 있는지 되묻게 하는 그들이다.

잠자리 떼도 합세하여 해수욕장 상공을 유영할 즈음 외국인 일행이 들어선다. 바람처럼 지나갈 막바지 여름을 놓칠세라 몇몇 팀들이 추가로 바다의 품으로 든다. 기나긴 여행과 같은 삶속에 쉼표를 찍기 위해, 삶의 무게와 욕망들을 잠시 내려놓고자 찾는 곳일 터다.

물가로 질주하는 아이들, 고요하던 공간을 휘젓고 다니는 소리엔 건강함이 묻혀 온다. 잡음이 없던 곳에 얹히는 소리의 어우러짐이 되레 정겹다. 멀찌기선 흰 보트가 전속력으로 날고, 방파제 옆 원담 곁에 선 바윗돌도 존재를 알리며 배경이 되어 준다. 파도타기를 즐기는 아이들과 튜브를 타는 이들도 시간을 잊는다. 그들은 느긋한 휴식으로 삶의 에너지를 충전하여 돌아갈 것이다.

해수욕장 주변으로 이미 개발이라는 명분 속으로 서서히 사라진 것들이 많다. 현존하는 것들만으로도 이 세상 단 한 곳뿐인 공간이다. 두근거리며 다시 찾고 싶은 곳으로 오래 남아있길 바라본다.

 '현재는 밀물 상태로 변하고 있으니 주의하세요.'라는 방송이 배경으로 깔릴 즈음 일상으로 향한다.

오일장날

일요일인 오일장날, 장터는 곳곳마다 북새통이다.

장을 본 후 시외버스에 올랐다. 뒤뚱거리며 향하는 뒤쪽의 빈자리가 어찌나 멀기만 하던지. 배낭을 비스듬히 끼고 있다 무릎 위로 옮겨주는 아가씨 곁으로 앉았다.

"금능리가 멀어요?"

"조금요. 날씨가 맑은 날이면 바닷물색이 정말 예쁜 곳인데, 어떻게 그쪽으로…."

"게스트하우스를 잡아두었어요."

"올레걷기로 오는 거 같네요. 며칠 일정으로…."

"한 달 일정으로요. 올레걷기는 1코스부터 걷는 게 좋을까요."

"꼭 그렇진 않지요. 어느 곳에서 출발을 하여도…."

"내일은 그곳에서부터 걸을 거예요….."

앉자마자 질문이다. 미지를 향한 발걸음에 조바심이 왜 없을까. 아가씨가 먼저 내리는 걸 보고 내렸으면 좋을 텐데 먼저 내려야 한다.

지난 8월부터 오고 싶었지만 햇빛 알리지가 있어 늦추며 찾은 것이란다. 인터넷 블로그를 통해 알아 용기를 내어 준비한 터다. 지난여름 내내 기다린 순간일 게다. 얼마나 설레는 시간들이었을까. 컴퓨터를 다루는 일을 하고 있는데 건강도 안 좋고 해서 이번 기회에 좀 쉬며 걸으려 한단다. 그 한 달 일정 중에는 국제올레코스대회가 있어 일주일은 그곳에 자원봉사도 신청해 두었다고 한다. 시간에서 자유로워질 수 있는 일이 얼마나 대견하고 부럽던지. 쫓기듯 시간의 틈바구니 사이로만 오가던 공간에서 잠시 잊고 떠나는 일, 비우는 만큼 충만해질 것이다. 일상의 찌꺼기를 걸러 가며 지낼 수 있는 여백의 여정일 게다. 이 젊은이에게는 계획한 일정과 희망이 가득하기에 낯선 곳에서도 자신감으로 반짝인다. 이어폰을 꽂은 보통의 아가씨 같았는데 얘기를 나누다 보니 달리 보인다. 살갑고 소신 있는 열정을 지닌 젊은이와 함께하는 순간이 기뻤다.

다음날 아이들에게 부칠 짐이 있어 검은콩 뻥튀기도 만들어서 보낼까 나선 길이었다. 뻥튀기의 차례 번호표를 받아 예정 시간을 확인하며 장을 구경한다. 카센터에 자동차 수리를 맡기고 나온 것도 잊은 채 양손에는 어느새 비닐봉지가 주렁주렁하다. 시간에 맞춰 갔더니 식히던 뻥튀기를 비닐봉지에 막 담아 내어준다. 장보기를 마치고 그곳을 빠져나와 한숨 돌릴 틈도 없이 당도하는 버스에 오르게 되었다. 10월 중순인데도 여름 날씨만큼 후덥지근하니 좌석 아래 놓인 그것은 식을 줄도 모르고 되레 무더위를 부추기고 있다. 버스가 멈칫거릴 때마다 더운 김과 코끝에 닿는 냄새는 지들 세상인줄 아는지 버스 안을 다 채울 기세다. 고소한 냄새도 때론 거북스러운 때가 있다. 그것은 내 코끝을 스치며 땀방울로 맺히고 승객들까지 의식하게 한다. 조여드는 마음으로 잠시 입 따로 마음 따로임을 느낀다.

 뻥튀기 봉지와 주황색 비닐봉지는 여간 조심스러운 게 아니다. 전자는 뜨거워서 다른 것들을 상하게 할까, 후자는 보라색 산부추꽃이 핀 작은 화분이 의지 없이 들앉아 있기 때문이다. 그 둘 사이엔 안전거리가 필요한 셈이다. 장보기 끝날 무렵 꽃나무 장터를 기웃거리다 눈 멎게 하던 보라색 산부추꽃 화분이다. 허리를 낮춰가며 봐도 산에서 봐오던 훤칠한 키거나 덩이꽃에 박힌 꽃술들의 풍성함은 애초에 찾을 길이 없다. 오름 등반길에 긴 꽃 대궁 위로 핀 진한 보랏빛의 튼실한 구형, 꽃덩이가 전부이듯 잎사귀는 안중에도 없던 터다. 오일장에서 만난 산부추꽃은 다섯 대의 꽃대 끝에 가벼이 얹힌 꽃봉오리와 실핏줄 같은 잎들은 가냘프기 짝이 없다. 그런 가운데도 청초함이 묻어나온다. 마치 이런 시간을 갖으려 차도 없는 날에 나설 수 있는 기회를 준 것일까 의구심이 든다. 잘 키워낼 수 있을까. 조심히 다뤄도 스러질 듯 약골이다.

　버스를 타고 가야 할 것도 잊은 채 충동구매의 산물들이 양손에 매달려 있다. 두 손이 부족하다. 뻥튀기 아저씨는 잘 식힌 다음에 봉해야 한다고 주의를 줘 비닐봉지 입구를 틀어막을 수도 없는 노릇이다. 시간이 지날수록 가시방석이다. 내릴 생각에 안도감도 잠시, 주변으로 냄새만 살살 풍기다 내리자니 쑥스러워진다. 내릴 때서야 좌석에서 일어나며 아가씨한테 한 줌 듬뿍 집으라고 내밀었더니 집는 시늉만 한다. 내 손으로 듬뿍 집어주지 못한 것이 못내 켕긴다. 건강하게 좋은 추억 많이 만들고 가라 하고 짧은 인사 후 급히 출구로 향한다.

　누구도 대신 살아줄 수 없는 삶이다. 긴 여행 내내 자유로운 사색의 시간 많이 갖게 될 것이다. 도전과 아름다움을 찾아 나선 젊음의 한때, 짧지 않은 여행 동안 자식 또래가 날개를 달고 찾은 여행길 잘 갈무리되길 기원해본다.

　버스에서 내려 멀어지는 차의 꽁무니를 바라본다. 내 마음도 금능리를 따라간다. 올려다본 하늘은 한낮 동안 쨍쨍 내리쬐던 가을 햇살, 다 어디로 숨어들었는지 온데간데없다. 제주를 찾은 첫날의 해넘이 선물이 석연치 않겠다. 좋은 것을 많이 보고 갔으면 싶은데 말이다.

애초에 불편을 자처하고 나선 길이다. 대중 교통수단을 이용할 때라야 인연도 많이 생기는가 보다. 일상에서 벗어나 새로운 자아를 찾기 위해 한 달이라는 시간을 할애한 용기에 탄복을 한다. 누구나 할 수 있는 선택이 아니다. 천천히 즐기며 걷는 올레길엔 바람과 길가의 풀꽃들 또한 훌륭한 벗이 되어줄 것이다. 올레 너머로 넘실대는 바다와 가을 풍경의 선율에 또 귀를 세울 터다. 자연의 소리와 속살들에 몸을 맡기고 그들의 격려를 받으며 넉넉한 인심들도 만나게 되겠지. 제주 구석구석의 아름다움과 수평선을 닮아가는 유연함이 녹아들 것이다.

올레꾼 자신에게 부쳐질 가을 편지엔 제주의 자잘한 사연들로 빼곡히 채워질 게다. 문득 사무치는 그리움이 찾아들면 자연과 교감하며 하나 되는 방법까지 온전히 터득하게 되리라. 돌아가면 건강하게 더 촉촉한 삶 꾸려나갈 것이다. 올레꾼의 발끝으로 따라온 고단했던 몸과 마음이 섬 곳곳에 다 부려놓고 가길 바라본다. 필시 제주 섬이 치유의 끈이 되어줄 것이다.

산부추처럼 가느다란 그녀의 모습에서 야생의 강인함을 엿보았다. 머뭇거림 없이 삶의 모퉁이를 돌아가는 여유를 지닌 그녀이다. 그 간이역의 평화스러움을 엿본다.

  꽃띠 삶의 비상이 그려진다.

별똥별 만나다

'만수 보러 가자, 사라오름!'

친구랑 셋이서 사라오름의 만수를 보기 위해 나선다. 사회 초년생 때 만난, 이십여 년 만의 의기투합이다. 느림의 행보를 들킬 터라 산행의 초입에서부터 미리 자수를 한다. 그럭저럭 이해 해주는가 싶더니 산을 오를수록 어쭙잖은 나의 운동신경이 화두다. 촌철살인 되어 박힌다.

두 친구는 운동으로 다져놓은 프로 수준의 걷기 모양새다. 따라가느라 헉헉거리며 오르는 내게 그들에게 가자고 부추긴 나를 탓해본다. 수준에 맞는 친구를 찾아서 올 걸 하는 후회가 자란다. 사라오름의 만수라는 소문에 빨리 보고는 싶고, 급한 마음에 언젠가 동행할 수 있기를 손꼽던 옛 친구들이다. 오랜만의 목소리 확인만으로도 반가움이 커지는 그들이다.

　이곳저곳을 기웃거리며 걷는 내 습관 탓일까. 오르막은 언제나 아킬레스건이다. 내 걱정은 접어두고 친구들의 페이스로 가라고 앞세운다. 그러고 나니 이보다 편한 세상이 또 있을까. 거북걸음으로 가며 앞서 걷는 친구들에게 앞만 보지 말고 길가 나무와 풀, 모여 앉은 이끼에게도 인사 나누며 가라고 목소리 높인다. 바람결도 느껴보고 간간이 머리 위의 구름 무리도 살피면서 걸으라고 너스레를 떤다. 한 치의 틈도 없이 돌아오는 답은 모두 잘 보고 느낀다며 이구동성이다. 점점 멀어져가는 그들의 뒷모습을 가끔씩 확인하게 된다. 보다 더 일찍 보낼 걸, 홀로 걷는 산행도 꽤 나쁘지만은 않다.

　운동중독증이라 불릴 만큼 전력투구하는 주위 분들에게 곱지 않은 시선으로 보던 터다.

　속도를 앞세우는 일엔 더 여유를 내어 한 숨 돌려 쉬며 갈 일이다. 빠름 앞에서는 어쩐지 느림의 미학을 간과하는 것만 같음은 왜일까. 앞만 보고 달린다는 건 왠지 서글픔이 앞선다. 숲은 생활에 찌든 삶을 보듬어주기 위해 기다리는 듯하다. 청량한 정기를 받으며 묵은 찌꺼기 한껏 실어 내보낸다. 작은 쉼표를 찍으며 걷는 길에 새들의 추임새도 끊어질 듯 이어져 나 홀로 행진을 더욱 응원한다. 걸을수록 숲의 속살, 진면목을 느낀다.

정상에서 가까스로 친구들을 만난다. 만수인 사라오름이다. 주변은 사람들로 넘쳐난다. 이에 반해 만수는 고요 자체이다. 세상을 온전히 다 들여놓고 있다. 가끔 물주름을 일으키며 찾은 이들에게 알은체하며 반긴다.

하산하며 그동안의 허기진 운동을 결심한다. 초록빛으로 무장한 너른 나뭇잎에 한 글자씩 아로새긴다. 무참히 쪼그라든 운동 신경, 자신을 위해 불씨의 단초 꾹꾹 새기며 내려온다.

저녁에 운동만을 위해 오롯이 길을 나서본다. 처음 시작하는 일은 늘 두근거림과 함께 나선다. 항상 문이 열려있는 동네 학교의 교문, 운동장에 들어서자 가볍게 설레기까지 한다. 서너 팀이 적당한 간격들을 두고 트랙을 돌고 있다. 초행이 아닌 것처럼 대열에 끼어든다. 딱딱한 길만 걷던 터라 학교 운동장 바닥의 물컹거림에 적응이 더디다. 운동장 한 바퀴를 어떻게 돌았는지 모르게 첫발 내딛던 자리에 다다른다. 두 바퀴를 돌고나니 부드러운 달빛이 내게 보내는 눈길에 나의 부끄러움 들키고 만다. 호응해 주는 것 같아 이미 마음은 달빛만큼 부시다. 하얀 이를 드러낸 달님의 응원에 기가 충천된다. 운동장을 향해 멀뚱하게 서있는 가로등은 오늘 하루쯤은 쉬어도 될듯하다.

촉촉한 달빛으로 젖은 음력 7월 보름의 달빛에 트랙의 하얀 선은 더욱 선명하고 갈 길을 충실히 안내한다. 운동 기피증이

심한 내게 부러 이런 날을 택일해줌일까. 어느새 트랙 밖 풀벌레들의 합창이 들려오고 울타리의 윤곽들이 보이기 시작한다.

 하나 둘씩 주변의 선들 또한 또렷하게 다가온다. 저들도 나를 응원함일까. 주변의 노랫가락에 힘이 실리고 거듭 돌수록 소리의 진원지도 짐작하게 된다.

 일곱 바퀴를 돌고 있는데 별똥별 한 줄기 가로지른다. 북쪽에서 남쪽으로 왜 저리 도망치듯 급하게 가는 길일까. 나처럼 극복해야 될 게 많아서 일까. 아니면 누군가에게로 향하는 화살기도일까. 먼 길 저 유랑의 끝, 한 획이 과녁처럼 다가온다. 유리알 같은 낙화는 누군가의 못다 한 말들, 몸으로 그리는 마지막 약속이거나 표현이지 싶다.

 시원한 바람결도 보태지니 커다란 산처럼 군림하던 시작의 벽을 자연스레 넘는다. 가벼운 시작이 아니길 기대해본다.

 운동장의 별들이 하나같이 명료해진다. 아직도 늦지 않다고 그들이 손을 흔들어준다. 여름밤에 자연과 만나는 하루의 일과, 모든 것들이 차츰 말을 줄이며 밤이슬로 내려앉는다.

 오름을 오르는 동안 불콰해진 구석에 여유가 생긴다. 달빛이 나의 마음을 어루만져주고 있다. 결코 서두름 없이 숨통이 트이게 되는 그날까지 계속될 것이다. 운동 기피증인 나를 두고 이 구동성인 두 친구의 날선 몇 마디가 내내 사금파리로 박힌 터다. 그 윽박지르던 말들이 되레 감사함으로 바뀌는 순간이다.

별자리들이 비워놓은 곳으로 뒤늦게 시작하는 나의 도움닫기다. 세상은 즐기는 자의 몫일뿐임을 상기한다.

유통기한까지 아로새겨놓는다.

꽃의 시간

　창밖 멀구슬나무의 매미 소리가 시원스럽다.
　들을수록 저들의 합창은 수준급이다. 똑같이 노래하다 멈추고 시작을 한다. 누가 지휘하는 합창단일까. 악보를 보며 부르듯 몇 마디 후 쉼표까지 지키며 긴 곡을 이어간다.
　우리 단원들이 아트센터의 마당으로 들어선다. 잔디 뜰 가운데 몇 송이의 등심붓꽃들이 모여 있다. 티 하나 없는 곳에서 적막을 가르듯 미소 짓는다. 키를 낮춰 자세히 들여다보니 우리를 밝혀주러 나온 동자승들 같다. 그들은 목탁 하나씩을 품고 주변까지 밝히며 마중 나와 반겨준다. 단원들이 합창공연에 들 작은 연등까지 연상케 한다.
　무대에 선다는 일은 가슴 떨리는 일이다. 합창은 단원 모두의 마음을 한데 모아 이루는 걸작여야 한다. 그 정성이 한 가득한 가운데 하나가 되는 일이다. 아름다운 화음에 절제의 미로 풀어놓을 하나 된 호흡일 것이다.

정작 무대 위의 시간은 짧게 또는 아주 길게 지나기도 한다. 그것은 연습량에 비례하기 때문이다. 또한 찰나임에 동지애와 담금질로 가꿔낸 연장선이 아닐까. 우리 삶의 한 부분처럼 소홀하다 싶으면 꼭 티가 나고 마는, 곳곳에 놓인 보이지 않는 실수까지 예비함이다. 모두를 공감케 하는 일은 준비 과정이 대변한다. 원곡의 재료를 잘 살리려면 지휘자의 속마음까지 온전히 읽어 소통에 막힘이 없어야 한다. 큰 하나로 어울림은 많은 과제를 내포한다.

세상의 문턱들이 어디 만만하기나 한가. 긴 곡의 가사도 제대로 암기하기 어려워지는 나이가 되고 보니 더 많은 공을 들이지 않으면 안 된다. 가정과 직장 등에서 일인다역을 병행하는 단원들이다. 모두 품어 아우르며 하나 된 감동을 준비한다고 해도 더러 넘지 못할 산을 자못 경계해야 한다. 그동안 써온 비밀 일기장을 펼쳐놓아야 하는 심정으로 무대에 임한다면 어떨까. 크고 작은 실수 없이 온전히 즐기는 무대가 된다면 그것은 오롯한 우리들의 날이다.

때때로 발표 날을 코앞에 두고서야 연습 날들이 가벼이 지나

버림을 깨닫는다. 제대로 곡을 다 헤아려보지도 못한 채 무대에 섬은 꽁꽁 언 마음을 숨길 수 없다. 미풍에도 떨리는 나뭇잎처럼 쉬 흔들리게 된다. 매 순간은 두 번 다시 맞을 수 없듯 아름다운 하나 됨은 요원하기만 할까.

잘 여문 꽃씨 하나 마련하는 일, 연습 내내 실전처럼 임하면 좋겠다. 무대에 서는 일이 일상처럼, 놀이터처럼 맞이하려면 소중한 것들을 미리 잘 챙겨두어 몸이 익히고 있어야 한다. 그곳을 내려서며 아쉬움이 없다면 얼마나 좋을까. 인생의 모든 순간들이 무대를 내려서며 더 깨닫게 된다. 아쉬운 족적들 또한 긴 그림자처럼 따라다닌다. 궁색하리만치 흔들리는 등불, 초점 잃은 허한 시간의 뒷모습들처럼 말이다.

무대의 문턱으로 들어선 시간은 마치 빛의 속도로 지나가는 듯하다. 때로는 눈에 밟히는 아쉬움 뒤로하며 지워지지 않는 말줄임표를 길게 데려오기도 한다. 결코 짧지 않은 시간, 그곳에서 내려오는 발걸음에 맥이 풀림이다. 준비해간 곡의 완성도, 다 풀어놓지 못한 보따리를 뒤늦게 가까스로 여민다. 관객들의 마음을 적시고 왜 감동을 주지 못할까. 단원으로서 배려한 시간과 노력의 역부족인 탓일 터다.

언젠가 대기실을 함께 썼던 다른 팀 백발 머리의 어르신, 무대 위의 인상적인 표정이 오래도록 생생하다. 그 향기 가득하던 역량 한껏 펼쳐 보인 뒤 긴 여운까지 아로새긴다. 아침에 힘껏 피운 꽃, 마치 갓 피운 나팔꽃을 빼닮은 열정 가득하다. 그녀에게선 까만 씨앗 하나 튼실하게 영그는 의연함을 엿본다. 나팔꽃이 지향하는 참 의미를 되새긴다면 군더더기의 시간 또한 퍽이나 줄일 수 있을 것 같다. 그런 마음 본받고 싶어진다.

매 순간이 꽃의 시간임을 종종 잊고 지낸다. '법등명자등명法燈明自燈明'이란 말씀이 떠오른다. 언제인가 법당에서 우리 단원의 합창을 들으신 큰스님께서 자연스럽지 못한 몇 소절들로 실망이 크셨음이다. 제 스스로 빛을 내야지 내 것이 아닌 것에 얹혀 제 빛처럼 묻어가려 한다고 허점을 짚으신다. 내심 단원의 무대를 기대하셨던 때의 일침이 아직도 따갑다.

매미들도 여름의 막바지임을 알고 진정성을 싣는가 보다. 예비한 시간을 아는지 그들만의 합창에 한 치의 실수를 허하지 않는다. 저들만의 꽃의 시간을 즐김이다.

어느 합창단보다도 한 수 위다.

노지 감귤

늦은 봄까지 둔 노지 감귤은 사람살이 닮다.

그것들을 들여다보다 헛웃음이 번진다. 한날한시에 같은 곳에서 들여온 것들인데 모양새가 제각각이다. 썩어가는 놈, 말라가는 놈, 더 멀쩡해 보이는 놈 등이다. 그 안의 표정들 또한 제각각이다.

적당히 썩어가는 것은 그 부분만 잘 떼어내고 나면 그나마 맛은 볼 수 있기도 하다. 이는 조그마한 병을 차일피일 미루다가 그 부위 점점 키워 만성질환으로 가지고 갈 사람처럼 보인다. 예방이나 관리 부족으로 기인한 순박한 이웃을 보는 듯하다.

껍데기가 말라가는 것은 보기에는 쭈글쭈글 하여 볼품이 떨어져 보인다. 이에 반해 맛만큼은 되레 더 달콤하여 변함이 없다. 되레 그 맛이 깊어지는 것 같다. 요즘의 외모지상주의와는 거리가 꽤나 있음이다. 내면의 그릇을 키우며 흔들림 없는 진정한 아름다움을 추구함이다. 그 향기 쏠쏠 풍기며 내실을 기하는 진국인 사람을 마주하는 것 같다.

겉껍질이 멀쩡해 보이는 것은 이상의 것들과 비교우위일까. 외양이 빵빵하다 못해 터질듯 하고 중량은 가볍기 그지없다. 공처럼 튕겨나갈 기세다. 이에 반해 속은 텅 비어 폐가를 연상케 한다. 먹어볼 구석이란 좀체 존재하지 않는다. 겉과 달리 말라버린 속은 내용물을 들여다보기 전까지는 모를 일이다. 겉과 속이 판이하게 달라 마치 이중인격자를 보는 듯하다. 또한 보톡스 맞은 지 얼마 되지 않은 여인네의 얼굴인 듯 오래 보노라면 심기까지 불편해진다. 겉포장이 좋다고 내용물까지 다 좋을 수 없는 것처럼 말이다. 외양이거나 허울이 전부가 아님을 몸소 가르치고 있다. 이들을 살피다 왜 성형미인이란 단어가 떠오름일까.

매 방학마다 젊은 학생들의 예약으로 성형외과는 넘쳐난다고 한다. 그런 중에는 급한 일조차 이곳 병원을 이용하기가 어렵다고 투덜대는 소식을 접한다. 이 또한 불협화음의 온상처럼 여겨짐은 왜일까. 태생적 촉수의 발로들일까.

누구나 콤플렉스를 가지고 살아간다. 외모도 능력이라는 구호처럼 남녀노소 할 것 없이 행하기도 하는 즈음이다. 소수의 사람들은 자신의 외모에 만족하지 못하고 성형의 길을 감행한다. 저마다의 잣대를 지니기에 그에 따른 행동으로 옮김이다. 더러는 생각의 늪에 빠지다 보면 행동으로 이어지기도 한다. 뇌가 알아서 반응을 해주기 때문이다. 자기의 꿈을 펼쳐보기 위해 고난도의 모험을 주저하지 않는 미모지상주의가 몰고 온 사회 분위기를 탓해야 할까. 때로는 그 뒷감당에 비난의 여론이 이어진다. 개성미가 사라진 정형화된 선남선녀들 속, 관련한 신조어가 난무할 법도 하다.

성형의 끝의 완성도는 모호하다. 수많은 부작용을 내포한 가운데 각 매체의 광고 범람 또한 한몫을 차지한다. 그 부작용이나 폐단 또한 한 번 더 생각해볼 일이다. 시간을 되돌리려다 불편한 사각 지대의 끝, 어떻게 맞이하게 될까.

거울을 멀리한 지 오래다. 언제부터인지 거울 들여다보기가 겁이 난다. 가끔 그것을 들여다보다 섬뜩해질 때가 많음이다. 푹 꺼진 눈과 무너진 턱선, 고속도로를 심어놓은 미간의 주름골 등이 도드라져 그것들이 먼저 나를 쳐다보고 있기도 한다. 오십 이후에는 얼굴에 책임을 져야 한다는 속설이 남의 얘기가 아닌 지 오래다. 숨기고 싶은 것일수록 더욱 도드라진다는 말이 괜한 것이 아닌 듯하다.

타고난 자연스러움에 개성을 살려 내면을 아름답게 가꿔가고 싶다. 그게 자연미인의 위상이 아닐까. 세상이 진정으로 요구하는 역할을 느끼고 고유의 가치를 깨닫는 과정을 즐길 줄 안다면 어떤 유혹에도 동하지 않을 터다. 사람의 얼굴에만 국한된 것이 아니듯 화려한 것, 멀쩡해 보이는 것의 이면의 문제들을 간과하지 말아야 할 것 같다.

성형을 택함은 또 다른 나로 살아보기 위함일 터다. 그 길은 앞날이 보장된 새로운 인생만 기다리고 있을 리 만무하다. 비극적인 생이 도사리고 있음은 회피하고 싶을 뿐일 터다. 한번 성형으로 손을 대기 시작하면 중독으로 이어지는 경우도 허다하여 종국은 괴물이 되기도 한다. 이미 갖추어 놓은 행복도 사라지게 하는 지름길인지도 모름이다. 관점을 돌려 나만의 개인 브랜드를 만들어보는 것도 큰 전환점이 될 것이다. 타고난 얼굴은 선택이 아니니 빌려 쓰는 풍토쯤으로 여긴다면 어떨까.

건강한 삶이 주는 행복을 간혹 간과하게 된다. 가까이는 내 조카도 쌍꺼풀 수술을 하고나서 생각했던 대로 나오질 않아 몇 번을 더 손댄 적이 있다. 한동안 마음고생이 심했던 때를 떠올리면 측은함이 웃자란다.

노지 감귤이 갖가지 모습으로 세상을 다녀가듯 가공의 환상에서 벗어나 내실을 더 챙기게 된다. 얼굴 성형보다는 마음 성형을 더 권한다. 위만 바라보지 말고 아래도 굽어보며 나아간다면 헛된 욕심에 휘둘릴 일은 없을 터다.

　이 가을, 단풍나무 가까이에서 잎 떨어지는 모습 오래 바라보고 싶다.

　그런 마음, 그런 눈을 갖고 싶어서다.

알작지와 해녀

　쪽빛 바닷가의 씻기며 구르는 몽돌 소리가 그립다. 긴 연휴 끝자락의 알작지*에 이른다. 이곳은 늘 다른 음색의 얼차려에 날 서는 몽돌들, 부유하는 해초들과 온갖 쓰레기까지 거두는 오지랖 넓음을 본다. 몽돌 해변의 날숨과 들숨으로 빚는 발자국의 모양새가 늘 선선하다. 부지런한 바다 물결이 마련한 오프닝 곡에 젖다 현실에 찌든 마음과 체증이 차례로 씻겨 나간다.
　몽돌들을 흔들어 깨우고 포말 꽃을 피우는 해수 본향으로의 귀가를 서두름일까. 자잘한 바위섬들 너머 머지않은 곳, 전에 없던 주황빛 태왁*들이 존재감을 알린다. 한층 깊어진 물빛, 연휴도 아랑곳없이 이정표처럼 서 있는 바위섬들이다. 그들이 사수하는 곳간 망사리* 안은 태왁 주인의 기도로 채워지고 있다.

거침없는 자맥질로 망사리가 채워지는 바닷속 노동을 다 헤아릴 수 있을까.

　조심스레 차를 몰아 그들의 물질*에 방해되지 않을 만큼의 거리로 이동한다. 해녀들 일상이 낯섦, 꽤나 가까이에서 눈길 멎는다.

　"호오오이~~~."

　수면 아래의 고된 노동을 유언인 듯 숨비소리로 맞바꾸는 중인가보다. 가까이서 숨죽여 듣는 소리의 꼬리에 목숨과 거래한 시간, 가는 바람기둥으로 몰아친다. 바다의 속살이 내어주는 길 안에서의 치열한 여정이다.

　물가 가장 가까이서 작업하고 있는 해녀가 눈에 밟힌다. 수직으로 잠수할 때 일으키는 골 깊은 파문의 선명함에 긴장감이 밀려온다. 발군의 기량을 건너온 노병의 호흡 주기에 내 호흡이 따라다닌다. 숨비소리 직전에 시작된 하심의 발로일 터이다. 물속까지 들여다볼 수는 없으나 망사리를 섬기는 손길의 횟수에 되레 나의 저울질이 앞서간다.

　한참 후 노병이 물가 쪽으로 태왁과 망사리를 밀고 오다 멈춘다. 그것들을 둔 채로 나오는가 싶더니 허리춤에 지닌 무언가를 벗어던지듯 마중 나온 장정에게 넘긴다. 바늘에 실처럼 현장의 중심축으로 소용하던 납덩이가 바닷속 도전을 끝까지 응원해준 셈일까. 금맥인 듯 닿아 건질 수 있게 제 역할을 다한 것의 자취이자 수고로움을 엿본다. 한결 가벼워진 발걸음으로 다시 바다로 되돌아가는 그녀다. 바닷물이 출렁대는 곳으로 적당히 데려다놓은 태왁 아래의 망사리의 끈을 더듬어 등짐으로 지고 있다. 어렵사리 일어서자 굽어진 등에서 버거워 보이는 망사리의 실체가 쏟아지는 햇살에 눈이 부시다. 납덩이를 받아주던 장정이 다시 물가로 다가간다. 때를 맞춰 챙겨둔 지팡이를 가까스로 바다 밭을 빠져나오는 어르신에게 건네주고 돌아선다. 지팡이를 짚고도 90도로 굽히지 않고는 물질한 것을 뭍으로 가져갈 수 없음인지 걸음마다 절을 하며 운신한다. 하군* 해녀의 물질 끝의 느릿한 걸음걸이가 아리다. 혼신을 다한 두 뺨이 갓 건져 올린 홍해삼보다 붉디붉다.

 시고모님이 해녀 일을 하셨다. 아이들이 어렸을 적, 세배를 간다든지 특별한 날의 방문에 잘 말려둔 해산물 등을 챙겨주시던 손길 느껴짐일까. 기억의 저 편 고모님으로 인해 맛을 알게 된 쫍지롱*함들이 해풍에 너울댄다. 무심히 받아들이기만 하던 손이 둘 곳을 모른다. 노병 해녀를 지켜보다가 바다를 다잡으며 누볐을 고모님 생전의 물질 모습이 연상된다. 생의 표적인 듯 소라와 전복을 향하던 비장함이 아련한 장면들로 물결 따라 출렁인다. 긴 병고의 끝은 구릿빛 얼굴에 깊게 파인 주름살까지 모두 지워내셨다. 마지막 떠나는 길만은 고운 모습을 남기고 떠나고 싶었음일까.

갖가지 해초들이 만장처럼 너울대는 바닷속, 숨죽여 두 손 걸음마로나 만날 수 있는, 하늘에 걸린 별을 만나듯 결코 가볍지 않은 삶의 터전이다. 세상 모난 것들을 깎아내리는 알작지의 구령에 내려놓고 임하는 물질의 세계이다.

몽돌들도 저를 비우는 곳, 더 둥글어지고 깊어지라 바다의 춤사위 풀어간다. 쉼 없이 잠수하는 몸짓들 또한 이러한 일들과 무관할 수 없는 길목이다. 하늘의 말을 고스란히 받아쓰고 있는 경전과 다름없는 알작지의 품새이다.

해녀들의 눈물로 바다가 점점 깊어짐일까, 우주를 품고 다시 품을 내어주는 알작지 너머의 풍경에 시간 가는 줄 모르고 흠씬 젖는다.

* 알작지: 지명, 내도동 몽돌해안
* 태왁: 해녀가 물질을 할 때, 가슴에 받쳐 몸이 뜨게 하는 공 모양의 기구
* 망사리: 해녀가 채취한 해산물 따위를 담아 두는 그물로 된 망
* 물질: 해녀가 바닷속에 들어가 해산물을 채취하는 일
* 하군: 해녀의 작업 능력에 따라 상군, 중군, 하군으로 나뉜다.
* 쫍지롱: 짭조롬한 맛

날아간 지팡이

  수목원의 산책로는 조용한 날이 없다.

  여유 있게 나선 출근길에 그곳의 안부가 궁금해 가끔 들른다. 주차장 계단을 오르는데 한 무리의 민들레꽃이 잦지 않은 방문을 배시시 웃음으로 마중해준다. 늦둥이 보라색 제비꽃마저 눈인사를 더한다.

  봄도 꽃도 한철이라더니 조숙하게 핀 벚꽃들 지기 시작한 자리 분분하다. 연록의 조막손 막 달기 시작한 벚나무 가로수 길은 발돋움이 한창이다.

  첫 번째의 갈림길에는 단체 관광객들로 발 디딜 틈이 없다. 그곳 큰 표지석 앞엔 곧잘 사진 찍기로 장사진을 이룬다. 팔순 초반을 지난 할머니 두 분 사이로 할아버지 한 분이 끼어 사진을 찍고 있다. 이를 지켜보던 중국 단체 관광객 일행 가운데 젊은 여성이 할아버지가 빠져나오는 자리로 기다렸다는 듯 재빠르게 끼어든다. 할아버지는 사진 한 컷 찍는 동안에도 심기가 불편했던지 도망치듯 빠져나오는 눈치다. 반면에 할머니들은 유유자적 주어진 상황을 나름 즐기고 있다. 은근히 모델하기를 자처하고 계시다.

두 분 할머니 중에도 유독 한 분에게 주목이 된다. 은발의 짧은 파마 머리, 동그란 얼굴에 커다란 붉은색 선글라스 테 하나로 마치 젊음이 무장되고 있는 듯하다. 그분은 조금 전까지 지팡이와 모자를 손에 쥔 채로 사진을 찍더니, 젊은 여성이 끼게 되자 들고 있던 것들을 모두 보란 듯 멀찌감치 내동댕이친다. 잠깐 동안의 순발력에 숨었던 끼 흘러넘친다. 느닷없는 연기력에 주변은 박장대소가 터진다. 꽉 메운 수목원 초입이 삽시간에 한마당이 된다. 이에 한술 더 떠 오른손 뻗어 춤이라도 출듯하더니 발동작까지 붙여가며 천연덕스럽게 거수경례로 분위기를 돋운다. 상황에 맞춰 아우르는 모습에 어떤 행복 만들기의 비밀번호를 알고 있는 듯한 그분께 눈을 뗄 수가 없다. 민들레 홀씨보다 가벼워진 마음에 모자와 지팡이뿐만 아니라 무거웠던 모든 것까지 함께 날려 보낸 터다.

젊은 중국여성이 할머니들 사이로 끼어들자, 언어로는 소통

밖일 텐데 마음 한 자락 내어 품을 내어준다. 할머니의 유머러스함은 가시밭길 상황도 오롯한 길을 낼 것 같다. 센스의 여제 같은 인상이 오래도록 맴돈다.

누구에게도 행복 바이러스를 감염시켜본 적이 없는 것 같다. 나를 넘어서면 또 다른 나를 만나게 될 텐데도 말이다.

여행길에서 만나 소통의 길 내는 여유, 그분께 박수를 크게 보낸다. 마음 따로 몸 따로 일 나이임에도 젊은이들보다 생각이 젊고 분명하다. 화사하던 벚꽃 길보다 뜻밖의 연출에 길가 연록의 잎들도 잔치 분위기다. 앞 다투며 피워내는 그 어떤 꽃보다 나이를 잊은 할머니가 이 봄을 더 다져놓고 있다. 덥석 받아주어 물들게 하던 행복 바이러스가 봄바람 타고 오래 너풀댄다.

되돌아오는 길목엔 시끌벅적거리던 곳이 도리어 한적해 보인다. 인파의 물결로 가려졌던 큰 벚나무의 투박하고 까칠한 둥치, 그 벽을 뚫고 벚꽃 틔워 갓 진 자리로 그 할머니가 크로즈 업 됨일까. 온갖 꿈들이 일어서는 4월, 할머니의 활달한 기상으로 다시는 지팡이가 무색했으면 좋겠다.

벚꽃나무 가로수 대열이 끝날 무렵, 봄기운으로 무장한 큰 벚나무가 자신을 변화시켜 보라고 조용히 말을 걸어온다. 그 소리 반올림 되어 젖어든다.

늘 지나치게 되는 익숙한 풍경 안에 봄빛 가득한 생기 부려놓던 그 여운 오래 남을 것이다. 그들 사이로 끼어든 젊은 여성의 마음 아우르며 보듬던 연륜의 재기발랄함, 그 안목 어찌 다 헤아릴까.

화수분 같던 어머니다.

■ 작품해설

판도라를 위한 변명 혹은 희망의 글쓰기
- 고해자의 수필세계

허상문(영남대 영문과 교수, 문학평론가)

1. 판도라의 재앙을 바라보는 눈

인간은 스스로의 무지와 타락과 교만으로 인해 신으로부터 여러 차례 징벌을 받았다. 에덴동산에서의 아담과 이브로부터 시작해서, 인간에게 몰래 불을 전해준 프로메테우스, 금기로 여겨진 상자를 함부로 연 판도라에 이르기까지. 금기를 어긴 자들은 언제나 그 자신이 금기의 대상이 되어 세상 사람들의 비난과 지탄을 한몸에 받아야 했다.

신화 속의 판도라는 여성이었다. 원래 신화 속에서 여성은 존재하지 않았다. 최고의 신인 제우스가 판도라라는 여성을 만들어 프로메테우스와 그의 아우 에피메테우스에게 보낸 것은 이들 형제가 예뻐서가 아니다. 하늘나라의 불을 훔쳐 인간에게 선물로 준 프로메테우스와 인간들을 벌하기 위함이었다.

에피메테우스의 아내가 된 판도라는 호기심이 강한 여자였다. 판도라는 제우스가 준 상자에 무엇이 들어 있을까 하고 계속 궁금해 한 나머지 마침내 어느 날 상자를 열었다. 상자에서는 인간에게 가해질 무수한 정신적 육체적 재앙들이 튀어나왔다. 이것은 신이 인간에게 내린 또 다른 징벌이었다. 다행히 상자 안에서는 한 가지가 나오지 않고 남아 있었는데, 이것은 바로 '희망'이었다. 우리가 오늘날에 이르기까지 어떤 재앙을 당해도 끝까지 희망을 버리지 못하는 것은 바로 이 때문이다. 희망을 버리지 않는 한, 어떠한 재앙과 시련이 닥쳐도 우리의 삶과 존재가 뿌리째 뽑히지는 않는다. 그리하여 우리는 판도라가 남겨두었던 마지막 희망에 감사하며 오늘도 버티며 살아간다.

신화의 세계에서든 인간의 세계에서든 여성의 삶은 고달프고 힘들다. 그것은 판도라와 같이 신의 당부를 어기고 함부로 상자를 연 죄를 업보로 간직하고 살아가야 하기 때문은 아닐까. 마찬가지로 그들의 글쓰기도 여성으로써의 삶만큼이나 고달프다. 여성으로 산다는 것, 여성으로 글을 쓴다는 것은 이 세상과 그리고 남성들과 적대적 관계를 이룰 수밖에 없기 때문이다. 판도라가 금기시되던 상자를 연 이후 세계가 이미 적대의 공간이 되었을진대, 그 누구와 쉽게 화합하고 사랑할 수 있을 것인가?

자신이 설 자리가 없다는 것을 알게 된 이후부터 지금에 이르기까지, 작가의 눈이 보고 느끼는 세계란 언제나 삶의 상징계가 금기시해온 공간들이었다. 그곳은 존재하지 않거나 상실된 것을 실재케 해야 하는 자리이기 때문에, 그 속에서의 의미 찾기의 행위는 그 자체로서 이미 고통이 된다. 따라서 오늘날 한 사람의 작가로서의 주체가 된다는 것은, 자기 존재의 절망과 불가능성을 쉼 없이 거부하면서 영원한 반역의 의무를 짊어지는 것이다. 자신에게 닥쳐 올 엄청난 재앙을 예감하면서도 상자를 열어야 했던 판도라의 운명처럼.

고해자는 판도라의 운명을 거부하지 않는 작가이다. 그는 신이 인간과 세상에 내린 무수한 재앙들을 오롯이 자신의 운명으로 받아들이고자 한다. 그의 수필세계는 신이 판도라를 통해 내린 인간과 세상에 대한 저주와 축복을 동시에 받아들이면서 새로운 인간과 세상을 바라보고자 한다. 그러면서 그의 수필은 인간과 세상을 위한 해답을 '판도라의 상자' 속에 마지막까지 남아있던 '희망'에서 찾는다. 고해자의 수필은 언제나 사랑과 희망으로 충만하다. 그리하여 그의 수필에서 우리는 이 암울하고 절망적인 시대의 재앙으로부터 인간과 세상과 삶에 대한 사랑과 희망을 읽을 수 있다.

2. 타자와의 공존, 거듭나는 자아

　작가들이 저마다 다른 작품을 쓰는 것은 비록 같은 세상에서 호흡하고 살아가면서도 세상을 바라보는 관점과 대응하는 방식이 다르기 때문이다. 작가는 한 편의 문학작품에서 최상의 가치를 구현하기 위해 세상의 모든 대상들과 의식적으로 혹은 무의식적으로 다양한 관계를 맺는다. 세상을 자신의 작품 속에서 제대로 형상화하기 위해 작가는 흔히 자아의 분열을 경험한다. 확실한 존재의 연속성을 보장받을 수 없는 삶의 상황에서 작가의 자아는 흔히 세상이라는 타자와 갈등에 직면하게 된다. 작가는 이 세상으로부터 실종되거나 도피되거나 유폐된 자아, 혹은 타자라는 이름의 또 다른 자아와 대면하게 된다. 때로 세상과의 대립이나 갈등 속에서 자아는 타자와의 통합이나 조화가 불가능하다는 것을 알게 된다. 자아와 타자가 대립하고 갈등하는 상황에서는 더 이상 온전한 자아가 존재하기 힘들다. 이 세상과 갈등하는 자아는 떠도는 존재가 될 수밖에 없다. 오늘날 많은 작가들의 작품에서도 타자와의 갈등에 대면하면서 잃어버린 자아를 찾아가는 여정을 쉽게 볼 수 있다.

　고해자의 작품에서도 우리가 가장 눈여겨볼 수 있는 것은 자아와 타자가 맺는 관계에 대한 작가의 고뇌이다. 말하자면 고해자의 작품은 언제나 타자와 이웃의 삶을 보살피고 사유하

는 것에서 출발하고 있다. 예컨대 그의 작품 〈마이못〉을 살펴
보자.

　　가족과의 관계는 속마음을 나눔으로써 더 깊어지는 것일까.
예고 없던 상황의 직면에 정황을 살펴보지 않고도 대응하신 일
을 떠올리면 생각이 참 많아진다. 시어머니로 인해 마뜩잖던 마
음들이 차츰 누그러든다. 마법처럼 뚝딱 해치우던 이력의 뒤편,
어떠한 것도 끌어안을 수 있음을 본다. 소름 돋던 먹빛 생각들로
가득하던 속 좁음을 탓해본다. 부끄러움이 산처럼 커져만 간다.
　　고부간이라는 이유로 늘 곁인데도 소중함이 희석되어 온 건
아닐까. 그동안 길지 않은 길 위에서 거리감과 장벽만을 더 키워
온 건 아닌지, 포장된 형식 위주의 관계에서 영혼이 없는 단어들
로 주고받던 대화엔 핵심이 빠져 있던 건 아닌지 모른다. 고부간,
튕길 듯 팽팽한 허공 위 길, 온전한 이해란 요원하기만 한 것일
까. 마음도 쓰면 쓸수록 고와진다지….

－〈마이못〉에서

　〈마이못〉은 무더위가 작열하던 날, 시어머니와 함께 시아버
지 산소에 벌초를 간 날에 생긴 에피소드로 시작한다. 벌초를
시작하자마자 화자는 왼손 엄지손가락을 칼에 베게 되는 일이
생긴다. 그러나 시어머니의 빠른 치료 덕분에 다친 상처는 쉽게

수습되고, 시어머니에 대한 마음의 거리감과 벽은 녹아들게 된다. 작가가 이야기하듯, 현대적 삶을 영위하는 데 있어서 중요한 수단인 우리들의 대화는 "포장된 형식 위주의 관계에서 영혼이 없는 단어들로" 이루어지는 것은 아닌가. 화자는 뒤늦게야 시어머니와의 소통 부재가 얼마나 커다란 아픔인가를 인식하게 된다. 그리하여 작가는 우리들의 인간사회도 아름답고 풍요로운 '마이못'과 같이 "작은 우주 안의 진중한 소통의 장"이 되기를 소망한다.

현대사회에서 개인적 자아만을 중요시할 것이냐 아니면 타자와의 관계를 강조할 것이냐는 문제는 항상 대립적 관계에 놓이게 된다. 이는 바로 자아와 타자, 혹은 개인과 사회의 이익이라는 상반된 가치의 균형에 관한 문제이다. 현대인들이 고통을 겪는 것은 돌아갈 집이 없어서가 아니다. 인간에게 영원한 집과 낙원은 애초부터 존재하지 않는 것인지 모른다. 본질적으로 타자이면서 타자가 아닌 척하는 허위와 위선들 때문에 우리는 고통 받는다. 영원할 수 없는 부부와 연인, 불멸의 사랑과 예술은 결국 모두 타자일 뿐이다. 그것들은 결코 영원한 부부나 연인이 아니고, 불멸의 사랑과 예술이 아니다. 밀란 쿤데라 식으로 표현하자면 부부와 연인, 사랑과 예술 속으로 자아는 잠시 '이주'한 것일 뿐이며, 여기에는 이미 '강제'와 '비자발성'이 개입해 있다. 이것이야말로 텅 빈 존재에게 주어지는 자기합리화일 뿐이다. 우리에게 자아와 타자의 진정한 관계, 더 나아가 진실한 인간의 관계란 이렇게 힘든 것이다.

고해자는 인간에게 진실한 마음과 타자를 향한 그리움이 얼마나 소중한 것인가를 잘 인식하고 있다. 이를테면 그의 작품에서 흔히 나타나는 '앞서 떠난 사람'에 대한 그리움은 이렇게 표명된다.

저 군상 속에 꼭 전하고 싶은 무언가가 있음일까. 먼 길 떠난 이의 마음이 겨울 아지랑이 속으로 당도한 것 같다. 할 말을 다 못하고 세상 뜬 이가 지키지 못한 약속들을 물리려 한다. 굴곡진 생을 입담으로 풀어놓고 있는 중이다. 그 춤사위의 꼬리에 가슴으로 하는 말, 합장한 모습의 진솔함을 읽는다. 동행한 일행들의 훼방으로 소금꽃의 시간에서 물러선다.

— 〈겨울 아지랑이〉에서

남편의 산소가 있는 곳을 간간이 찾게 된다. 어떤 그리움이 꿈틀거리기라도 하는 날이면 그 길목에 빠뜨릴 수 없던 게 있다. 더운 날이면 냉커피를 추운 날이면 보온병에 뜨겁게 탄 설탕커피를, 배례 후의 한 잔을 산소 주변으로 뿌린다.

— 〈갈빛 소묘〉에서

고해자의 수필에서는 인격적인 주체와 윤리적인 주체가 거의 동질의 의미로 나타나고 있다. 물론 이것이 반드시 철학자 들뢰즈나 레비나스가 강조하는 바의 '주체의 의미'와 동질의 것이라고 말할 수는 없지만, 고해자의 경우 분명한 것은 타자의 발견을 통해 '자아의 객관화'가 이루어지고 있다는 사실이다. 타자의 모습을 통하여 작가는 자아의 현현을 이루고 있다. 이런 사실은 인간에 대한 그의 지극한 사랑의 표현으로 더욱 잘 드러난다.

흰 가루의 재탄생처럼 새 사람들의 활약이 기대된다. 익반죽을 매만져 탄생한 실체는 무엇이든 품어주는 모성을 닮아있다. 시댁의 며느리이자 진정한 어른이 되어가는 작은 손들의 웅변을 한참이나 응시하게 된다. 담백한 소가 꼭꼭 채워져 가니 더욱 통통하고 실하다. 한 땀 한 땀 매만지며 이뤄내듯 걸음마 내딛는 저들, 마라톤 출발 지점에 모인 설렘처럼 눈이 부시다. 거듭되는 리모델링을 통해 자라날 매무새들이 아른거린다.
― 〈송편 빚기〉에서

낙관처럼 찍히는 어머니의 작은 손이 내 손안으로 들어와 온기를 보탠다. 아기 피부처럼 보드랍고 매끈거린다. 어느새 더 이상의 빈손이 아닌 서로의 미안함을 녹이고 있다. 나이에 비해 건강하다는 핑계로 시간을 거꾸로 매단 겨우살이처럼 꾸려가는 길목쯤인 터다. 하루하루를 버텨내며 낮달 같은 존재의 여행길이 아닐지. 잠시나마 서로에게 깃드는 잠깐의 시간만으로도 하루가 따뜻해진다. 소통과 교감의 결핍에 길을 내는 일이 왜 더디기만 했을까. 까치발을 하던 동행인지도 모른다.

— 〈겨울비〉에서

쪽잠을 주무시는 어머니의 휜 건강의 잔고도 죄인처럼 말이 없다. 베고 누운 외로운 나이테가 산그늘처럼 서늘해 보인다. 점차 거칠어지는 숨소리가 목울음 되어 속귀로 당도한다. 생전의 외할머니께 목욕 한번 시켜드리지 못한 것을 목에 가시처럼 걸린다고 한 적이 있다. 내일 아침엔 링거를 교체하는 사이에 샤워를 해드려야겠다.

— 〈502호 모퉁이〉에서

〈송편 빚기〉에서는 추석 사촌형님 댁에서 명절 상에 올릴 송편을 준비하는 며느리들의 모습을 통해, 〈겨울비〉에서는 나이 구십이 된 시어머니와 영화를 보기 위한 외출에서, 〈502호 모퉁이〉에서는 병실에 계신 친정어머니의 모습을 통하여, 작가는 진정한 사랑의 의미를 찾고자 하고 그들과 공감을 이루고자 한다.

고해자의 수필에서 이루어지고 있는 이런 사랑의 의미 찾기가 우리들의 삶과 문학에서 흔히 볼 수 있는 단순한 미학적 자율성에 기대고자 하는 태도는 아니다. 이것은 오늘날 우리들의 삶과 문학에서, 더 이상 불가능한 것이 되어버린 삶의 본질에 대한 소중한 의미 찾기에 다름 아니다. 지금 이 세계는 객관적 질서에 의해 삶과 인간에 대한 억압적인 지배관계가 이루어지고 있으며, 그리하여 진정하게 인간적인 자아와 타자의 관계는 사라지고 없다. 이 과정에서 억압과 지배가 보편화된 자리는 사랑의 부재와 비인간화에 의해 채워지고 있다. 고해자가 꿈꾸는 세상은 언제나 자아와 타자 사이의 사랑과 소중한 관계에 의해서 공존할 수 있는 공간이다. 그러나 우리들의 인간과 사회에서 이 같은 관계가 갈수록 상실되어가고 있다는 사실에 작가는 고통스러워하고, 이런 사실은 견디기 힘든 삶의 무게로 다가오게 된다.

3. 삶의 무게를 견디는 서사

문학텍스트는 흔히 주제의 통일성과 의미의 일관성을 추구하지만, 그러한 추구와 지향은 이미 그 내부로부터 전복되거나 해체되어 있다. 텍스트가 말하는 목소리는 이미 그것을 전복하는 또 다른 반대 목소리를 지니고 있기 때문에 텍스트는 항상 전복의 가능성 앞에 서게 된다. 그 전복은 텍스트가 의식하지 못하는 또 다른 타자, 무의식, 인정할 수 없는 모순으로 작동하게 된다. 텍스트 내부의 모든 전복은 판도라가 그의 상자를 여는 순간에서부터 이루어진 것이라 할 수 있다.

이렇게 작가의 글쓰기는 언제나 변화와 새로움을 추구한다. 작품의 진정성을 얻기 위해 작가는 내면의 소리에 귀를 기울인다. 진정한 작가는 자신의 내부에서 낯선 목소리를 들려주는 타자를 발견한다. 작가의 무의식 속에 잠재해 있는 타자는 대체로 우호적인 태도를 보여주기보다는 자신도 모르는 사이에 공격자로 변하기도 한다. 이 타자는 그의 일상에 간섭하고 그의 정신을 지배하면서 억압적인 기제로 작용한다. 작가와 내면의 타자 사이의 화해 불가능한 갈등은 작가의 삶을 고통스럽게 하지만, 이런 과정 속에서 작가는 세상과 삶의 근원적 지혜를 발견한다.

고해자는 삶의 무게와 고통을 자연에 대한 사랑으로 극복하고자 한다. 그는 지나는 풍경과 구름 한 조각, 새 한 마리, 바람 한 자락까지 초대하려 둥근 창을 내걸고, 그 창을 통해 만나는 것들에게서 관조와 소통으로 치유 받는다. (〈언니의 거울〉) 고해자에게 자연의 만물은 존재의 자궁이며, 자연의 공간에서 교통함으로써 좌절과 환멸뿐인 현실을 벗어나 구원을 얻게 된다.

이 비가 뿌려놓는 만큼 가물던 들녘의 속살 여물고 주름 접힌 마음들 활짝 펼쳐질 것이다. 앞서거니 뒤서거니 참꽃 나뭇가지의 굳은살 뚫고 잎보다 먼저 낯붉히며 선보일 꽃잎 속살거린다. 진분홍 꽃봉오리들 꿈틀거린다. 새색시 속마음 빼닮은 참꽃의 봉오리들, 새신랑 마음 닮은 연록의 돛을 내건 잎들이다. 주름 부채 속에 감춰 몰두하는 표정들이 출렁거린다.
― 〈고사리 장맛비〉에서

봄에 초록을 앞세움엔 지난 늦가을 빈자리를 내어준 잎들의 당부이거나, 펼쳐보지 못한 빈약한 꿈들의 재도약일 것이다. 삶의 무게를 아지랑이처럼 가벼이 하라는 귓속말 엿듣는다.
저마다의 속살을 건드리며 손잡게 하는 아지랑이는 소통은 막힘없기를, 잃어버린 시간은 놓아주기를 읊조린다.
― 〈아디지오로 오는 노을〉에서

〈고사리 장맛비〉와 〈아디지오로 오는 노을〉에서 잘 보여주고 있듯이, 작가가 바라보는 자연의 모습들은 단순한 객관적 상관물이 아니다. 고해자는 자연을 통하여 내면의 자아를 확인하고 그 정체성을 밝히며, 이를 스스로의 글쓰기 서사방식으로 취한다. 자연을 비롯한 세상의 만물을 통하여 존재의 비밀을 탐구하고 삶의 모습을 드러내고자 하는 것이다.
그런 점에서 고해자의 수필에서 나타나는 자연 묘사는 작가의 내면과 교감하고 소통하는 상징적 교호작용으로 기능한다고 할 수 있다. 이 작용은 작가의 무의식의 심층으로부터 돌연하게 솟아오르기도 하고, 어둠의 심연에서 주문처럼 나직이 울려 퍼지기도 한다. 이를테면 포인세티아의 초록 잎은 어둠과 추위를 견뎌내야만 붉은 잎이지만, 철저한 고립과 어둠의 시간에서 거듭나야 하는 우리네 인생사와 닮은 점이 많다는 사실을 읽어낸다. (〈10월의 포인세티아〉) 또한 둥굴레의 앙다문 하얀 꽃봉오리와 꽃망울을 통해서 어떤 상처도 치유해낼 대견함을 바라보고, 과장이 없는 꽃들의 모습에서 교만하지도 결코 가볍지도 않은 유백색의 작은 거장들의 모습을 살펴낸다. (〈둥글레 꽃등〉)

여기서 우리가 주목해야 할 또 다른 것은 고해자 수필의 서사 방식이다. 그의 수필은 대개의 경우 '이야기'가 아니라 '이미지'에 의존하고 있으며, 이미지를 통해 이야기를 이끌고자 한다. 이런 이유 때문에 그의 수필은 다소 현학적이고 관념적인 이야기가 되기도 한다. 작가의 눈으로는 이 세상의 모든 고립된 개인이나 사물은 기막힌 우연에 의해 서로 연결될 수 있다. 그러한 연결은 상징적이고 수사적인 개입이 이루어질 때에 작가의 새로운 사유를 가능케 한다. 고해자 수필에서 흔히 나타나는 이런 이미지와 상징의 활용에 의한 서사적 방식이 만들어낸 이야기를 통해 작가는 보편적인 존재의 모습을 새롭게 드러내고, 더 나아가 우리 시대의 인간과 삶의 아픔에 대한 답을 찾고 있다.

세상과 타자의 목소리는 자연과 인간 사이를 자유롭게 넘나들며 현실과 환상의 경계를 무너뜨린다. 또한 빛과 어둠, 희망과 절망 사이를 넘나들면서 작가의 내면세계는 삶의 고통과 환희를 동시에 맛본다. 작가의 내면적 외면적 삶의 환경과 경험은 때로는 적대적이고 때로는 우호적이다. 그러한 경험들은 결국 하나의 스펙트럼으로 조화되고 결합된다. 고해자의 작품에서는 인간과 그들이 만든 삶과 역사는 자연 속에서 함께 용해된다.

본체만체하던 진실이 녹아드는 날까지 벚꽃은 피고 또 지며 지켜본다. 적어도 제주의 봄, 벚꽃들은 무명천 할머니의 두 손이 머리로만 향하던 뒤안길, 그 헛손질들을 또렷이 기억하고 있다. 셀 수 없이 날아들던 총성, 사라진 턱에서 동강난 파편들이 벚꽃으로, 꽃비로 나부끼고 있는 건 아닌지 모른다. 할머니의 소리 없는 절규의 긴 일상이 공회전한 만큼 주체 없는 꽃비에 친구의 나들이가 깊어만 간다.

— 〈4월, 꽃비〉에서

고백 같던 몇 줄의 언약과 맞바꾼 부재가 아닌가. 그 빈자리에 더 이상의 물음표를 거둔다. 붉은 동백보다도 붉던 그 길에 가려진 말들을 슬며시 꺼내본다. 어느새 그 자리 둘레로 희미해져가는 발자취, 한여름에도 겨울 같던 한기가 희석되며 비껴간다. 개망초 꽃들의 한들거림이 누군가의 넋두리만 같던 그해다. 그 간이역의 소금꽃의 시간을 슬며시 내려놓는다.

— 〈간이역〉에서

〈4월, 꽃비〉에서 4·3이라는 역사는 자연 속에서 녹아들고 있으며, 〈간이역〉에서는 떠난 사람에 대한 아픔과 그리움이 붉은 동백으로 환치된다. 고해자는 자신 속의 자아를 세상과 자연이라는 타자와 더불어 교호시키고, 이를 통하여 자기실현의 방법을 모색한다. 타자와의 관계모색을 통하여 작가는 다양한 인간적 역사적 삶의 슬픔과 고통을 극복하고 새로운 삶을 지향하고자 한다. 이러한 과정에서 고해자의 수필은 자신의 내면과 세상의 타자와 공명하여 더욱 새로워진다. 그럼으로써 그의 수필은 우리에게 따뜻한 감동으로 전달된다.

4. 글쓰기의 축복과 희망

좋은 수필은 작가가 열어놓은 창작의 공간에 독자들을 개입시킴으로써 불가능한 체험을 공유하게 된다. 이런 의미에서 작가의 본령은 세계가 중단시키거나 유보한 것들을 다시금 꿈꾸게 하는 데 있다. 삶의 상징계에서 더 이상 존재하지 않는 것이라고 규정된 것들, 그러나 규명 불가능한 것이라고 여겨졌던 것들에 대한 새로운 가능성들. 그것들은 바로 판도라가 상자를 열어서 살펴보고자 했던 은밀한 내용들이다. 마찬가지로 수필은 삶과 인간에 대한 예외적이고 내밀한 모든 것을 밝혀내고자 하는 서사적 고백이다.

  고해자의 수필 세계에서는 이 세상에서 실현될 수 없는 절망을 희망으로 만들고자 하는 노력으로 가득하다, 일견 그의 수필은 세상의 '절망 속에서 눈감기'와 '희망 속에서 눈뜨기'라는 쉽게 받아들일 수 없는 양자택일의 선택에 직면하게 된다. 그러나 그의 수필만이 지니고 있는 특유한 상상과 관념의 힘으로, 절망 속에서 희망을 읽어내고 어둠 속에서 빛의 세계를 찾아내는 데 성공한다. 고단하고 힘든 삶의 영역에 내려앉아 그것을 바라보는 고해자의 집요한 삶의 의미에 대한 추적은, 가망 없는 이 암울한 삶에서 밝고 따뜻한 사랑과 희망을 읽어낸다. 그는 판도라의 상자에 남아 있는 마지막 희망을 건져올려 그것을 글쓰기의 축복으로 만들고자 했다. 작가의 이런 태도는 상상 속에서 실재를 살려내고자 했던 칸트적 무한판단과 같은 것이다. 이런 의미에서 고해자의 수필은 새로운 문학적 가능성으로 활짝 열려 있다.

고해자 수필집
날아간 지팡이

인쇄 2015년 11월 25일
발행 2015년 11월 30일

지은이 고해자　**이메일** gujelcho@hanmail.net
발행인 서정환
펴낸곳 수필과비평사
주소 서울시 종로구 삼일대로 32길 36(익선동 30-6 운현신화타워 빌딩) 305호
전화 (02) 3675-5633, (063) 275-4000 · 0484
팩스 (063) 274-3131
이메일 sina321@hanmail.net　essay321@hanmail.net
출판등록 제300-2013-133호
인쇄·제본 신아출판사

저작권자 ⓒ 2015, 고해자
이 책의 저작권은 저자에게 있습니다. 서면에 의한 저자의 허락없이 내용의 일부를
인용하거나 발췌하는 것을 금합니다.
COPYRIGHT ⓒ 2015, by Go Haeja
All rights reserved including the rights of reproduction in whole or in part in any form.
저자와 협의, 인지는 생략합니다.
잘못된 책은 바꿔 드립니다.

ISBN 979-11-5933-007-0　03810
값 13,000원

> 이 도서의 국립중앙도서관 출판시도서목록(CIP)은 서지정보유통지원시스템 홈페이지
> (http://seoji.nl.go.kr)와 국가자료공동목록시스템(http://www.nl.go.kr/kolisnet)에서
> 이용하실 수 있습니다.(CIP제어번호: CIP2015033626)

Printed in KOREA

이 책은 제작비 일부를 제주문화예술재단에서 지원받았습니다.